阿德勒的青少年教養課

引導孩子創造自信負責的未來

Parenting Teenagers

Don Dinkmeyer & Gary D. McKay 著

林瑩珠 譯

目錄

□導讀　送給青少年一生受用的真實自信　楊俐容
□推薦
□前言

1 了解青少年和你自己 13

民主思潮下的親子關係／放任：無效的管教法／溺愛造就不敬的孩子／專制扭曲自尊自重／有效管教的關鍵：平等和互相尊重／需要改變的是你／青春期是一段過渡期／獨立與責任的相對性／尋求重要性和歸屬感／不良行為的目的／辨識青少年的目標／目標與行為的互動關係／積極的目標／對不良行為的反應／復習與發想／個人發展練習1／要點提示

2 個性的發展 53

生活型態：生活的藍圖／生活型態的影響因素／自我概念的形成／生活型態與臨時目標之間的關係／生活型態與生活上的挑戰／青少年優良性格的培養／復習與發想／個人發展練習2／要點提示

3 情緒：是激勵還是挫折的來源？ 89

為自己的情緒負責／避免落入情緒陷阱／青少年典型的負面情緒／你所相信的會影響你的情緒／不合理性的信念／你的情緒與青少年子女不良行為的目標／改變非理性反應的策略／復習與發想／個人發展練習3／要點提示

4 鼓勵：建立青少年子女的自信心 129

什麼是挫敗感？／父母是怎樣使子女感到挫敗的／鼓勵的方法／讚美和鼓勵的差別／鼓勵的用語／自我鼓勵／鼓勵青少年的十種策略／復習與發想／個人發展練習4／要點提示

5 傾聽孩子的話 159

這是誰的問題？／溝通的阻礙／成為一位有效的傾聽者／反映式傾聽／表達反映式的傾聽的詞語／開放式反應與封閉式反應的對比／「可是他什麼都不跟我講呀！」／使用反映式傾聽應注意的事項／復習與發想／個人發展練習5／要點提示

6
溝通：探索與表達 197
青少年為什麼不聽我們說？／「你」的訊息和「我」的訊息／怎樣表達「我」的訊息／「我」的訊息應用實例／氣憤的話無濟於事／表達「我」的訊息應注意的事項／問問題的藝術／青少年的問題：探索多種選擇的步驟／青少年的問題：探索多種選擇的實例／你的問題：探索多種選擇的步驟／你的問題：探索多種選擇的實例／復習與發想／個人發展練習6／要點提示

7
責任感養成訓練 235
讓青少年學習作決定並為自己負責／獎賞和懲罰是無效的／自然和合理的後果／親子三大衝突點：學業、交友、保持整潔／處罰與合理後果法有何不同／合理後果的變質／應用後果法的基本原則／復習與發想／個人發展練習7／要點提示

8
選用最合適的處理方法 269
選擇最適當處理法的基本原則／典型的青少年不良行為／其他成人跟青少年之間的問題／復習與發想／個人發展練習8／要點提示

9 家庭會議 301

家庭會議守則／開始家庭會議的適當時機／主持家庭會議的技巧／家庭會議的實際範例／有關家庭會議常有的疑問／家庭會議的潛力／復習與發想／個人發展練習9／要點提示

10 特殊的難題與挑戰 329

你的另一半不贊成你使用這套方法／父母離婚對孩子的影響／單親家庭／繼父母／青少年的特有問題／建立自信和保持自信／復習與發想／個人發展練習10／要點提示

【導讀】送給青少年一生受用的真實自信

楊俐容

親職教育的書籍汗牛充棟，我書架上的相關書籍也來來去去；然而，幾經送舊迎新，有些書卻始終屹立不搖地站在最顯眼也最易拿取的位置。這些作品多半擁有深刻雄厚的立論基礎，又兼具實務運用的參考價值，因此成為歷久彌新的經典；即使對其內容已如滾瓜般爛熟，在我從事個案工作、親職教育，或者書寫創作的過程中仍不時翻閱，從中印證所思或汲取靈感。

遠流出版公司於一九九五年從美國引進的「父母效能系統訓練」系列叢書，就是這樣的好書。除了提供家長有效的親子溝通技巧、完整的解決問題方法之外，更難得的是，這套書建立在阿德勒學派的學理基礎上，對於父母如何洞察自己對孩子不切實際的期望，如何瞭解孩子不當行為背後渴望愛與自信的潛意識動機，有透徹的解析；而這些，都是現代父母在面對親職挑戰時最大的盲點，也是最需要提點的地方。

阿德勒認為人生而自卑，克服自卑的方式則決定了一個人是否能擁有健康的性格與美好的人生。許多父母以為只要孩子成績比別人優秀、表現比別人亮眼，就能擁有自信；事實上，孩子自信的根源主要來自童年與家庭經驗。如果父母懂得肯定孩子的努力、鼓勵孩子的進步，在孩子能力範圍內全然放手讓他自負其責，在孩子能力與權力範圍外則為孩子提供安全的依靠，並且堅守底線要求孩子遵守規範，那麼孩子就能逐漸長出「務實的自信」，找到「創造性的自我」。

此外，阿德勒也提到「社會興趣」對於身心健康的重要性。他認為，生活的意義在於貢獻自我、擁有良好的人際關係，以及與他人互助合作，而這些生命體會與生活型態深受親子關係影響。換句話說，親子關係是孩子和自己、他人以及這個世界等關係的原型；父母的鼓勵肯定、積極聆聽，讓孩子學會珍愛自己、同理他人，父母的合理期待、堅定要求，則讓孩子學會貢獻自己、與人合作。

特別是在劇烈變化、快速成長的青春期，追尋真實自我的同時，意味著孩子必然要逐漸與父母分立。唯有父母真正肯定尊重與平等的價值，並能洞察孩子的深層動機，引導孩子建立積極的目標，孩子才有機會成為真正有自信、負責任且樂於合作與貢獻的青少年。這也就是「父母效能系統訓練」系列的兩位主要作者為青少年父母特別編寫《阿德勒的青少年教養課》的旨趣與用心了。

什麼樣的教養，能讓父母一世安心？什麼樣的特質，可以令孩子一生受用？

如果這是你在教養時常有的思索，那麼以最近重新受到重視的「阿德勒學派」對於健康性格、美好人生的見解為依歸，專為青少年父母編寫的《阿德勒的青少年教養課》將會讓你對青少年教養有更深刻的體會、更貼近心靈的認識！

【導讀者簡介】楊俐容，親職教育專家、兒童青少年心理專家、專欄作家。熱愛兒童、鍾情心理學，對於年輕時節「讓世界更美好」的理想始終無法忘懷。有一對獨特可愛的父母、一個自認為是天作之合的配偶，兩位個性鮮明的寶貝女兒。從事過兒童、青少年、婚姻諮商工作，目前致力於社區營造、國小學童ＥＱ教育，以及普羅大眾心理學教育工作。

推薦

一九九七年，我在新加坡學習「父母效能系統訓練」課程，一九九九年起，則在馬來西亞開始帶領這套課程，及至回到臺北又於二〇〇八年起，在大臺北地區帶領高效能父母課程，《阿德勒的父母成長課》系列三書，一直是我在教養兩個女兒，以及領導其他家長學習這套親職課程時，不可或缺的教科書。因此今天，我和兩個女兒的關係親密而良好，講座分享、課程帶領也獲得無數家長的肯定，都應該要歸功於這套書籍，特別是，我自己所出版的兩本書《高效能父母學》、《孩子為什麼會這樣》，必須說，如果沒有這套書籍為我奠基、加持，我應該無法將它們完整地書寫出來。

「父母效能系統訓練」課程雖然已有四十年的歷史，然而，無論是運用在教養以前的孩子，或是現代的孩子，都證實是切實可行、成效驚人的教養法，所以，如果你努力學習扮演好父母的角色，卻依然覺得辛苦又挫折，那趕快來了解一下到底自己是哪裡搞錯了？我相信從這套系列書籍中，你，一定可以找出解答，並且成為一個稱職又愉快的父母！

——「父母效能系統訓練」資深領導員　李顯文

很多人，包括我在內，都是「開始當父母以後，才開始學習怎麼樣去當父母」的。所以，當父母不但是人生中一個重要的考驗，也是絕對需要「自學」的課程。幸運的是，目前市面上已經有許多親職教育的書籍，幫助我們如何去當一個稱職且有效的父母。

「阿德勒學派」藉由探討兒童行為背後真正的目的，教導父母有效的引導孩子，把錯誤目標與行為變成獨立自主、負責的表現——以「鼓勵」代替「讚美」，以「自然而合理」的後果代替「懲罰」，以「反映式傾聽」和「我的訊息」，增進父母與孩子間的溝通與了解。

本系列三書的特色在於教導父母如何了解孩子的「需要」及「能力」，建立「可達成的目標」；以積極的溝通和適當的鼓勵，為孩子建立自信心與溝通的能力。以合理的限制與充分的自由，培養孩子自律的精神，進而勇於面對挑戰、克服挫折，成為一個負責任、有自信、充滿愛的健全成人。

——親子作家　陳安儀

前言

教導青少年本是父母的一大挑戰，社會快速轉變，更使得這件任務越來越困難，也越來越教人困惑。再加上社會的壓力，親友的好心出計策，坊間書刊雜誌、電視等媒體上互相衝突的理論，更教做父母的對於教導他們青少年兒女的問題，越是惶惶然無所適從。

在面對處於容易動盪不安年紀的孩子時，父母需要的是一個實用、切身的理論，幫他們了解青少年的心理動向，好導引他們。當然這難免要牽涉到一些敏感的事，要用心仔細的思慮，要一步步的跟進，但這些都是必要的。此外，學習鼓勵孩子，開誠布公地與孩子溝通，也需要投注許多的努力和諒解，都是相當的挑戰。

「父母效能系統訓練」（Systematic Training for Effective Parenting, STEP）是世界上最受廣泛使用的子女教養方法之一，已有超過四百萬以上的父母，有效地採用而改善了親子關係。《阿德勒的青少年教養課》是應使用過這套訓練方法的父母要求而寫成的，他們希望更進一步學習如何使用同樣的方法，來改進他們與青少年孩子間的關係。

採用「父母效能系統訓練」這套方法的成功與否，端看書中列舉的一步步的應用方法，你要投注多少努力而定。《阿德勒的青少年教養課》一書，是為了達到改善父母與青少年孩子之間的關係而設計的，是一種「系統化的訓練」，你需要一步一步的研讀和應用。本書共有十章，每章需要規劃至少一週的時間來研讀和應用。一週的開始，先仔細研讀一章的內容，然後研究課後的問題和附表。「個人發展練習」的部分，是讓你在進行這一週的行動之前，先把當週的重點概念再練習一番。然後，就看家長願意花多少精力來應用學到的新技巧了。

除了只是根據書中的指示學習，你也可以參加團體學習，與其他父母分享經驗。無論你採行何種方式，我們都預祝你成功，願你想要改善與青少年孩子關係的決心和努力，都有滿足你心意的回報。我們的經驗顯示：父母真正用心應用這些原則，都確實變成比較有效能的父母。我們相信《阿德勒的青少年教養課》一定能幫助你，達到這個目標！

1

了解青少年和你自己

父母不能強迫青少年孩子，青少年孩子也不能強迫父母；雙方都不能勉強對方做他們不願意的事。要學會教導你的青少年孩子，最大的挑戰是：需要改變的人是你，而不是你的子女。

在孩子年紀還小，處於嬰兒和孩童時期時，幾乎每個家長都覺得和孩子相處相當愉快；可是一長到了青少年期，就不免經驗到一些衝突。常常有父母對他們的青少年孩子說：「你看，我替你做了多少事，你至少也應該……」這「應該」兩個字後面可能的情況難以計算，而且因人而異。

民主思潮下的親子關係

現在當青少年的父母，比起以前要困難得多。主要是因為科技與社會迅速的變遷，一切挑戰家庭傳統、挑戰價值觀的人、事、物，隨處可見；青少年原就暴露在這些影響力之下，只是在現今社會下更變本加厲罷了。有些父母覺得自己脫離青少年期也不過才幾年工夫，可是發現他們的青少年孩子已經生活在一個很不一樣的世界裡了。時代的改變給社會帶來不少好處，可是也帶來了不少問題。

或許，最大的轉變就是所謂的「民主革命」。近年來，各種各樣的人都出來爭取平等權，有勞工、少數族裔、宗教團體、婦女、老年人等等，都在醞釀追求公平待遇。以往權威的機構組織、道德價值觀、傳統觀念等，在在受到這波浪潮的衝擊，產生了許多改革。至於這些改革成效如何，恐怕又是見仁見智，各有不同的意見了。不過，我們可以預測的是：在我們這個社會中，人們還是會繼續要求平等權。民主革命的浪潮或許時高時低，但一定不會消失。

家庭，在這些改革的浪潮中，當然也不可倖免地受到衝擊。父母與青少年之間的關係，受到劇烈的影響，一時之間，做父母的簡直不知如何有效、合理地管教自己的青少年孩子了。昔日父母對待自己的那種嚴格要求的方式，現在已經不管用了；於是有些父母舉雙手投降，改用順應孩子的喜好來經營親子關係，結果發現效果也一樣差。

父母面對的問題，有些是由家庭以外的社會引起的，還有一些是父母的無心之過造成的。有時候，由於自我實現的預言發揮作用，父母越擔心孩子會發生某些問題，結果這些問題反而越容易發生。父母心中對青少年孩子的期待，在孩子心裡有一股很強的力量；青少年知道爸媽希望他們能參加校隊、合唱團或樂隊，也知道爸媽希望他們能穿「像樣」一點的衣服、當選模範生，或在校得獎。同樣地，父母期望不高的時候，他們也察覺得出來；比方說，成績不佳，交到壞朋友，不愛惜家中的財物，抽菸，吸毒，或擺出一副蠻不在乎的模樣，一點責任也不願負。青少年不需要雷達探測器，就能察覺到父母的期望到底有多高。

在你開始閱讀《阿德勒的青少年期教養課》之前，請先用片刻的時間，反省一下你對孩子的期望到底有多高？這些期望切不切合實際？跟孩子的能力、興趣和目標是不是相符？會不會高到連你自己在那年紀的時候也做不到？問問自己，這些期望到底是要滿足自己的欲望，還是真正為孩子好？

我們相信，青少年需要根據自己的能力、興趣和價值觀，來發展一套切合實際的目標；如果沒有，他們多會將父母的期望，當做自己的目標。這樣一來，他們不會學到自己思考、自己訂目標、自己主動追求的過程，只想要滿足父母的期望。假如你修正對青少年孩子的期望，其實就已經進行有效教養子女的第一步——把最大的障礙物移掉了；有父母在旁協助他們訂目標的青少年，也已經學到了成為「成人」的第一步——為自己負責了。

由民主運動發生以來所產生的改變來看，人際之間的穩定關係，都是建立在平等和互敬上的。人類不論是有意或無心的，都選擇了民主的態度，做為人際關係的基礎。當然，這種民主的理想，並不是指人人都是完全一樣的。所有的人——包括青少年跟他們的父母——都各有不同的能力、不同的責任，民主的平等所暗示的，不過是「不論任何人，價值都相等」罷了。把這個思想套到青少年和父母的關係上看，就表示著：雙方做人的尊嚴和價值都是平等的，任何一方既不優於、也不劣於另一方。要把這種平等的理念付諸行動，還真需要勇氣呢！《阿德勒的青少年教養課》希望給父母的，就是這種勇氣。

放任：無效的管教法

誰不想改進跟家中青少年孩子的關係呢？只是有些人不知道要怎麼開始罷了！「誤解」和

「不知怎麼進行」的情況最普遍。有些父母以為青少年本來就是這樣叛逆難纏，要對付他們只有忍耐，等熬過這段時期，孩子長大離家後，事情就恢復正常了。還有的父母以為對付青少年是需要施加一點壓力的，只要嚴格一點、喊得大聲一點，強迫他守規矩，他就會乖乖就範。

在許多年的經驗中，我們學到的一點是：「忍耐熬過去」和「施加壓力」都不是改進關係的好辦法。其實，往往不但改善不了關係，反而是家庭分裂的保證。為什麼？因為這兩種方法都沒有鼓勵青少年為自己負起責任。

那些任由子女爬到自己頭上的父母，我們說他「放任」，而那些將孩子踩在腳下的父母，我們說他「專制」。「放任」和「專制」的父母，雖然方法迥異，但具有相同特點：都是無效的管教法。

「放任」的父母通常都不敢堅持自己認為對的立場，因為怕被子女反唇相譏。因此，既不表示意見，也不敢做什麼嚴格的要求；他們為了不引起衝突，什麼代價都願意付。

「放任」的父母同時也常對自己和青少年孩子之間的關係覺得無計可施，常被一連串的青少年問題：菸酒、毒品、異性關係、違抗權威、破壞行為、不合作等等，逼得無所適從。儘管這些有關青少年的形象並不都是正確的，有些人還是照單全收，不戰而降了。有些父母以為青少年嘛，總不免有叛逆的行為，他們會說：「每個青少年總有那麼一陣子，一定會有一些惡劣行為，對防止這些行為，父母是無能為力的。所以，乾脆假裝若無其事，熬過去就好了。」還有一些離婚、正在爭孩子監護權的父母，為了彌補自己的罪惡感，通常渴求子女的接納都來不及，更遑論管教了。

很多成年人，對自己成長過程中受到的嚴厲限制和處罰深惡痛絕，這種父母很容易就會相信：對子女設限、定下規則，對孩子是有害的。但是，我們的經驗指出，大多數青少年把父母的設限、定下規則，當成父母關心他們的證明。有一位十七歲的青少年告訴我們說，他肯定父親根本不關心他，因為父親所設的門禁時間，他從來不遵守，經常超過兩個小時才到家，父親也沒說什麼。青少年的推理是：父親要是愛他，應該是會責備他、管教他才對，如果什麼都不說，表示父親根本不在乎了。在這個個案裡，父母不堅定管教的原則，反而被子女解釋成不管他們、不愛他們了。

青少年通常把這種放任，解釋成懦弱。父母既然自願放棄權力，他們當然就順理成章的奪過來了；到頭來，放任的管教法反而成了青少年叛逆的好藉口。送到手的機會，不要白不要，所以放任其實有如發執照給子女，准許他們的胡作非為。

溺愛造就不敬的孩子

了解為什麼放任是無效的管教法，非常重要。我們相信這種方法的失敗是因為父母和子女雙方，在放任之中都喪失了自尊。青少年被當成不可控制、無法合作的家庭成員來看待，父母則表現得無可奈何、無計可施的模樣，沒辦法定規矩、劃界線，無法把一個家維持得像個家的樣子。父母這種灰心氣餒的態度，會降低青少年孩子的自尊心，因為這等於肯定孩子是「無可救藥」的。任由青少年自己愛怎麼做就怎麼做，他們一開始可能覺得很開心，可是，通常開心不了多久，因為他們能察覺到父母不敬重他們，自己也難敬重自己了。所以，放任滋養著「不敬」與「灰心」，也因此招來「反叛」，這種惡性循環一旦發生，家庭生活就遭殃了。

最普遍的「不敬」是表現在父母溺愛的行動裡的。我們定義所謂的「溺愛」標準，是以杜萊克斯（Rudolf Dreikurs）與蕭滋（Vicki Soltz）的「他們自己會做的事，不可經常替他們做」為準的。溺愛會妨礙青少年，因為他們學到的是「我自己的事我處理不了」，他們會失去自信，認定自己不成熟、不夠好，永遠都需要人家的關照和幫助。青少年若習慣了接受父母服務，也將會期待別人——例如祖父母、親戚朋友、老師、上司、配偶等人來服務他們。父母溺愛孩子的方式是數不完的多，華登（Francis Walton）列出了以下的幾項：

- 青少年自己有鬧鐘，父母卻負責叫他們起床。
- 提醒他們現在的時刻，好像他們不會看鐘，也不會自己守時、不遲到。
- 別人在跟他講話的時候，你代替他回答。

● 替他買衣服、選擇穿什麼衣服，也替他洗所有髒衣服。
● 他隨手、忘記放在哪裡的東西，你經常替他尋找。
● 把他的功課當做你的責任，總是問他功課有多少，替他檢查，確定都做好才罷休。
● 孩子要錢就給，所給的零用錢超過合理的需要。
● 任由他超過規定的門禁時間回家，不加管制。
● 他要去哪裡，你都開車接送。

你也看得出來，有一些溺愛的舉動，其實都是出於好意。問題是：這麼做了以後，青少年就學不會為自己負責任的好習慣了。

受溺愛的青少年是怎麼使父母變成這般侍候他們，又怎麼從父母那裡取得這麼多權力的？都是因為父母有一套錯誤的想法，以為「我如果不順孩子的意，孩子就不愛我了」，於是縱容溺愛、不敢不從，問題於是產生。其實，父母的溺愛產生的結果，跟他們期望的正好相反，不但得不到子女的敬愛，得到的反而是不敬和輕蔑。

如果父母停止溺愛他們，會發生什麼後果呢？坦白說，家庭生活有一段時間可能不愉快一點，青少年孩子會因為「以為」他們沒得到該得的，變得要求更多。他們會覺得不公平，也會想辦法讓父母再像佣人一樣侍候他；如果老羞成怒，他們還會想辦法報復（比方說，擾亂家人的活動）；如果都不成功，很多青少年就消極抵抗，擺出一副「我管你們咧！」的態度，例如忘記重要的約定時間，學校的功課不交，或該做的家事胡亂做、好讓別人來收拾等等。本書第2章將有專題來協助父母處理這一類的反應，以教導孩子開始為自己負責任。

專制扭曲自尊自重

跟放任方法一樣無效的是專制，也就是「用硬的」方法。專制的父母認為自己比別人更能明辨是非，也硬要把自己的意見加在別人身上。他們認為青少年不夠懂事，永遠也做不到父母所要求的標準，因此專制的父母常有以下的舉動：

- 他們很挑剔青少年的作為。
- 他們常對青少年要求或威脅。
- 他們用獎勵或懲罰操縱青少年。
- 他們常在提醒或訓示。
- 他們對青少年的學業過分干涉。
- 他們對青少年既不信任，也毫不尊重。

●他們認為對的意見只有一種，而且固執不變。

至於青少年對專制父母的反應也各有不同。有的很氣憤，並且決意要反抗父母；因為他們自己跟抱持的價值觀，都被父母批評或否定了，所以可能會選擇一種父母管制不了的舉動來藉題發揮，例如：故意跟父母不喜歡的人做朋友、抽菸、做功課馬馬虎虎、吸毒、參與幫派活動等。專制的父母跟反叛的子女一旦對上了，誰都佔不到上風。有時候父母或子女好像暫時贏了一場鬥爭，可是彼此間的尊重和關係卻都遭到損害。

在有些家庭裡，青少年對高壓威脅和要求的父母，則反應得很沮喪。因為這些青少年認為父母一定是「對的」，那麼自己一定是「錯的」了，就放棄吧！為了避免父母的責備，有的人更盡量照父母的期望去做。在表面上看來，這樣的家庭似乎滿理想的：青少年既不給父母找麻煩，也沒有反抗的舉動，父母這不就是贏了嗎？可是這勝利的代價是什麼？我們認為青少年會因此失去自尊自重，只學會討好別人，而不能自己判斷和思考。

有效管教的關鍵：平等和互相尊重

本書希望在專制與放任之間，提出一個變通方法。基本的前提就是：所有的家庭成員都要學習平等相待。

一家人要平等相待，這是一個多教人難以理解的概念呢！許多父母馬上就反駁：「子女怎麼能跟父母平等呢？」有一位父親跟我們說：「賺錢、養車、決定家中重要的事情，不都是我在做嗎？假如我女兒說她跟我是平等的，好吧，那讓她自己去付學費、去找工作養家好了。如果做不到，那大家還是得聽我的。」我們跟這位父親說，平等並不是以賺錢的能力、財產、經驗、體格或年紀的大小做基準的，而是指「每個人都享有被尊重的權利」。在《阿德勒的青少年教養課》中，父母有特定的責任，那就是：給自己的青少年孩子提供督導和鍛鍊。但是，以人與人之間應有的敬重和尊嚴來對待他們，也是父母的責任之一。

「以平等相待」是說父母或青少年，雙方都不能自以為優越，都不能專權，不能懲罰或用言語貶低對方；雙方的關係是民主的，以尊重代替反抗，以合作代替強迫。如果父母跟青少年彼此不能平等相待，則雙方都常要設法佔上風。

媽媽：道格，坐到桌子這邊來，要吃飯了。

道格：我要先打個電話，我跟人家約好六點以前要打的。

媽媽：我說「來」就是來，什麼都別說。

道格：媽！只要一分鐘就好了嘛！

這種情況對喜歡佔上風的人，真是學習「怎樣控制對方」的最好時機。道格可能服從了媽媽，可是內心卻反抗著。他學到的是：如果想不被人家呼來喚去，最好的方法就是先把別人呼來喚去。

不平等的關係只會給家人之間帶來隔閡。如果一個溺愛孩子的父母怕他的青少年孩子，或一個父母專制的青少年怕父母，他們之間怎麼能建立親密的關係呢？所以，父母與青少年必須互相信任、互相尊重，才能掃除彼此間的距離感。可是，首先他們都得尊重自己，不論父母或子女都必須先對自己在家庭裡的角色和地位有安全感。這種安全感不是一朝一夕得來的，接下來幾章中，將幫助你發展這種安全感。

自尊自重又有安全感的父母，才能和青少年孩子建立健康有效的關係。父母只有在不必管誰佔上風、誰是對的、誰要聽誰的，才能和青少年孩子建立良好的關係。這些父母明白兩個要點：父母不能強迫青少年孩子，青少年孩子也不能強迫父母；雙方都不能勉強對方做他們不願意的事。

需要改變的是你

要學會教導青少年孩子，最大的挑戰其實就是：需要改變的人是你，而不是子女。有些父母一聽到這一點，就很氣餒了。他們想學的是：要怎樣改變他們的青少年孩子——要他們準時回家，要他們有禮貌、肯合作，要他們遠離菸酒、毒品，要他們在學校的成績好。可是，請記住，我們剛剛強調的：你不能勉強他們做不願意做的事。不能用命令式的，也不能像警察一樣的強制他；可是，你可以自求改變，也能改變你和青少年孩子之間的關係。這種改變，會讓你對他們產生戲劇性的影響。

照著本書的方法，你會發現，面對青少年孩子的不良行為，父母一般的反應其實反而是「鼓勵」他們的不良行為。一個想要引起父母注意的青少年，被罵或被處罰，他覺得跟受到稱讚一樣，都得到了父母的注意。父母一旦改變反應，青少年得不到預期的「鼓勵」，再做這些不良行為就沒什麼意思了。你的改變，因此就產生了最大的影響力。你一旦不想要控制他，他的抵抗和反叛就沒有什麼收穫可言了。所以，你會發現你也受益了：關係改善了，摩擦的壓力也減低了。

當然，這樣的改變不會在一夕之間發生，你的青少年孩子還會試探你，一直到他們終於學會負起責任，行為不再是為了和你對抗，而是真正出於自己的自由意志、自己的選擇。

父母與青少年孩子之間的平等關係，有下列幾點特色：

- 互相尊重。
- 互相信任。
- 彼此關切。
- 有同理心，能互相同情和了解。
- 想聽對方有什麼話要說。
- 注意對方的優點，而不是盡挑毛病。
- 遇到衝突，就想合力同心把它解決。
- 協力達到共同的目標，但也各有自由追求個人的目標。
- 知道雙方都不是完美的，都還在改變和成長。

我們相信以平等為基礎的關係，能提供雙方各自成長的機會，有助人格的塑造，能產生接納、寬宏的心，也能促使人想要多了解對方。當然，意見上的衝突不會消失，因為世上沒有兩個人想法是完全相同的，也不必這樣要求；可是，雙方的關係因為是民主的，所以有衝突或意見不合時，可以用討論的方法來解決。不必壓抑或隱藏真正的感覺，可以分享彼此的感覺，反而有益彼此的關係。簡而言之，以平等為基礎的關係，既鼓勵父母和青少年雙方都盡量實現自己所願，也鼓勵他們互相感激，彼此相愛，互相尊重。

青春期是一段過渡期

請你回想一下自己的青少年時期。你還記不記得，那種介於成人與兒童之間的彆扭時期？現在的青少年也是處於同樣的地位，只是他們受到的壓力和挑戰，比你以前更大而已。廣告、電影、電視、書刊、電動玩具、音樂、廣播……無所不在的包圍著今日的青少年，不斷地傳達資訊給他們，要吸引他們的注意力和金錢。這些都對今日青少年造成巨大的影響。

還有一件事對青春期年輕人有更大影響，那就是他自己的身體了。隨著身體的成長發育，情緒也伴隨而來，而這兩種改變又是在短短的一段時間裡，同時發生了。這段時期裡，很多青少年連跟自己都有衝突——前一分鐘還覺得自己滿像大人了，下一分鐘卻又覺得自己還像個小孩子。青少年對自己和生命的觀感，深切影響著他對自己青春期的反應。然而，並不是所有的青少年都有同樣的情緒變化。

父母對自己子女性徵的發育成長，都抱著焦慮的心態。不同的父母有不同的憂慮：怕孩子發生性行為，怕他們性濫交，怕他們身心受到傷害，怕他們不懂得避孕，怕他們會得性病……

絕大多數父母都反對青少年孩子有性行為；可是，青少年從自己的身體發育，跟從同儕朋友那兒聽來的資訊，都可能激發他的性慾和性活動。

青春期是一個必然的過程，但是對父母和青少年也都可能成為一段艱苦期。因為除了性以外，父母還有一大堆要擔心的事：交友、穿著打扮、娛樂休閒、對學校的態度、用錢的習慣、髮型……等，沒談到的還有更多呢！簡而言之，就是青少年一大串新的價值體系了。《阿德勒的青少年教養課》並不能保證你一定能解決和青少年孩子之間所有的衝突，可是卻能提出方法，讓你們在這段時期裡不必飽受痛苦折磨。它提供你怎麼思考、怎麼感覺、怎麼傾聽、怎麼溝通、怎麼行動等有系統的方法，在孩子經歷青少年的這段時期，教導你怎樣改變家庭的生活。

獨立與責任的相對性

孩子從兒童期長大，成為青少年，做父母的一下子要改變管教的方法是很難的。很多父母不但十分習慣周到地照顧自己的子女，也做得很滿足。打從替他鋪床、煮飯，到督促功課，無所不包，光說要孩子分擔責任就不容易了，何況還說要教他們學會替自己負起全責。

有些父母很難接受自己的青少年孩子已經慢慢學會自立，好像子女不再需要他了！可是事實上，在成熟後就要求獨立是人性中的一項事實，人們會想要更能自己決定自己的事情。所以青少年要自己選朋友，要決定怎麼分配時間，要穿什麼、吃什麼、喝什麼，要什麼時候熄燈就寢，這都是他們心理健全的指標。因為他們想要學會自己做決定，學會管理自己的生活。

但是獨立和責任是分不開的。父母若只給了一樣，而不給另一樣，後果是麻煩的。一個獨立而沒有責任感的青少年，意外隨時在等著他；從另一面來看，一個身負許多責任，卻沒有機會做決定的青少年，他進入成人期的時候，就會充滿了委屈和怨忿不平。這兩種情況中的青少年，都是裝備不足，不夠能力做出有智慧的決定。

責任必須伴隨著獨立，可是，大部分的青少年都會搶著要獨立，卻躲避責任。一個十八歲的青少年，可能很急切想要用家裡的車，可是不會想到要加油；還有因為他而附加的維修費，他想過要幫忙付嗎？一個十三歲的青少年可能想要關起房門，不讓父母監督他做功課，可是當他交不出作業的時候，是不是願意接受後果？其實，青少年的行動常常是說：「我要自己做決定，不過這決定如果做壞了，你們可要替我負責呀！」

孩子漸漸由兒童成長為青少年，父母就必須逐漸減少對孩子的控制；同時，孩子也必須逐漸增加對自己的責任感。我們這裡討論的增減和平衡，都是很靈活、很有彈性地，經過幾年的經營而成的習慣。如果父母與青少年之間發展出互相信任的關係，父母就能讓他們開始自己做決定。父母可以很清楚地表達自己的意見和價值觀，這樣就已經提供了督導的原則；青少年可以在這些原則和限制之下自己做決定，只要他們願意承擔後果就可以——這些後果包括財務、情感、學業上、身體上和人際上各方面的後果。

說到父母的控制，也許會提醒你回想到自己的青少年時期吧！你的父母想要控制你，你當時覺得怎麼樣？我們建議你，要多警覺自己對子女是否也常想加以控制。接下來的第二步是：想一想你和青少年孩子究竟常不常有權力爭鬥，因為想要控制和權力爭鬥之間是有關聯的。如果你減少控制的企圖，也讓青少年孩子有機會做決定，你們之間就不會有誰覺得需要佔上風。要是你發覺他採取獨立的行動，卻沒有負相對的責任，那你就要加給他一些輔導和訓練了。在《阿德勒的青少年教養課》中，我們會提供相關的步驟，讓你鼓勵青少年孩子，使他們變得自立又負責，我們也會討論到訓練的方法。

尋求重要性和歸屬感

青少年期是追求認同的時期：他們想要明白自己是誰，自己生命的意義何在。他們想找出做什麼事才會顯出自己的重要性，他們也很在意同儕是否接受自己。對很多青少年來說，父母接不接受他們，他們並不在乎，同儕的接受才是最重要的。有時候，他整個心思都被「怎樣才能被同儕接受」佔滿了，這時父母看見那個以前對自己又敬又愛的子女，現在卻毫不在意，不免覺得困擾，又好像被排拒了。但是，尋求家庭之外的重要性，卻是人人進入成年階段必經的步驟呢！

尋求重要性的方法有好幾種，有正面，也有負面的。有的青少年藉著自己的專長（如機械能力、戲劇、體育、音樂、學業或做義工等）來尋得重要性，他們會以加入社團或打工等行動來獲取。還有一些青少年則不然，他們是藉著負面不良行為來尋求重要性（如性濫交、酒精、毒品、違規駕駛、蹺課、抽菸、偷竊、破壞等，都是負面取得同儕注意的行為）。更常見的是他們正負兩面的行為都有，兩種並行，可以給他們需要的歸屬感。

年幼兒童的歸屬感是從父母和家庭手足之間得來的，而父母應該要注意，兒童進入青少年期的時候，他的注意力也從父母轉向同儕。這是成長不可避免的。對孩子來說，穿的衣服跟朋友的一樣是很要緊的，此外，跟朋友聽同樣的音樂、看同樣的電影、被請去參加同一個聚會，對他都是很重要的事。對一個十五歲的青少年來說，沒有被邀請去參加同儕聚會，簡直是像受拋棄一樣的令人受不了。

有些父母對青少年孩子這種追求時尚、急於認同的心理百思不解——為什麼有些衣服就不流行，偏要某些樣式才算跟得上潮流呢？為什麼青少年不會自己思考，一定要跟人家一樣呢？衣著、言談、舉動，非要跟其他那些青少年相似嗎？這個難題真的需要有個好的答案才行。

我們同意，青少年擁抱他人的價值觀，的確讓父母感到很挫折，但是，我們也認為，這些也是青少年典型的舉止。雖然，他們表面上是向同儕認同，其實也是在試圖脫離父母為他做的決定，學習自己做決定。（我們自己從前還不是一樣嗎？）只要他們做的決定沒有什麼危險性，不會危害自己或別人，或不負後果和責任，我們認為，父母最有效的反應就是：聽他說，觀察他，也設法了解他。很多親子之間的衝突，多半是由娛樂、髮型、衣著、音樂等方面的意見不同所引起的，這些你最好就由他自己決定。他做了這一類的決定，對自己所要的目標和價值觀就會有比較清楚的看法了。

不良行為的目的

孩子漸漸成熟長大，自己會發展一些方法來達到一個基本的目標：歸屬感。家庭的氣氛、孩子在家庭中的排行、父母所用的管教方法以及孩子應付難題的方法，都能影響孩子的行為。這些都是構成孩子個性的因素，這些因素也會影響他們尋求歸屬感的方式。

孩子行為不良，通常是有目的的。這裡所謂的「不良行為」是指他對別人的權利和安全置之不顧，或做出傷害自己的行為。杜萊克斯與蕭滋把不良行為的目標分為四大類：

- 引起注意
- 追求權力

- 報復
- 表現能力不足

這些都是錯誤、負面的目標，因為都對於人格發展培養無益；不但無益，還會妨礙發展。如果孩子的心思精力都花費在怎樣獲得權力，怎樣報復，哪還有餘力追求正當的目標呢？這樣的孩子內心充滿了挫折感。

為了解釋青少年的不良行為，除上列的目的外，凱利與史威尼（Eugene Kelly & Thomas Sweeney）又增列了以下幾項：

- 找刺激
- 讓同儕接納他
- 表現優越感

這些目標，加上前列的四項基本目標，代表著青少年為了達到歸屬感所使用的方法。這些目標其實是由於錯誤的概念所引起的，如果追求得太過分，或者完全不顧後果與責任，對青少年也是毫無利益的。

你的青少年孩子如果有不良行為，你認得出他是為了要達到什麼目標嗎？最好的指針就是觀察你自己對孩子不良行為的反應，並觀察對於你的表現與行為他有什麼反應。你的青少年做出不良行為，首先，觀察你自己的感覺。你煩躁？生氣？傷心？還是灰心沮喪？其次，再觀察他看到你產生這種情緒的時候，有什麼反應？他是不理你呢？對你皺眉瞪眼呢？跟你爭吵呢？還是暫停一下不良行為，接著又繼續我行我素呢？先確認你自己的感覺，再審視一下，他對你試圖糾正的舉動有什麼反應。這樣，你就可以辨認出，他的目的到底是什麼了。一旦知道他的目標，就能有效地處理了。

因此，第一步，就是認出其不良行為的目標何在。從上列的七種目標可以看出，每一種都跟父母看到他這種行為的時候，所產生的情緒反應有關，每一種也都跟青少年怎樣回應父母這種企圖改正他的態度有關。至於辨認出他的目標後，父母應該要怎樣處理，我們在本書的隨後幾章，會有特別的指導。

辨識青少年的目標

(1)引起注意：幾乎所有的小孩子都要人注意他們，可是到了青少年階段，這個目標表現出來有各種不同的層次。如果他用正當的方法得不到別人的注意，就可能用令人煩躁或令人厭惡的方法，讓你不得不注意他。他可以把音響或電視開得震天價響，他也會故意打斷你跟別人的談話。比方說，你在跟朋友講電話，你女兒突然把隔壁房間的音響開得很大聲，這時候你先問自己：覺得怎麼樣？如果你覺得厭煩起來，你女兒的目標八成是要你注意她。

如果你叫她把聲音關小一點，她不理，或先關小聲了一下，馬上又開大了，或者乾脆關掉音響，可是馬上又找了別的事來惹你，那麼，你的假設——她想要你注意她，是錯不了的。

(2)追求權力：想要權力的青少年，他們認為向權威挑戰、得到控制權，會顯出自己的重要性。由於怕被別人使喚，他就在每個情況中設法先發制人。追求權力的青少年不聽別人的，只願照自己的意思去做，父母若跟他爭執，常常是口頭上贏了，實際上卻輸掉了關係。父母為什麼會跟孩子爭吵呢？因為追求權力的行為常與「生氣」連結著。假設你兒子沒先問你，就把你的車開走了，你可能一生氣起來就想反擊——比方說喊叫或威脅他，叫他以後不可以再這樣了。因為你想這次若不給他一點顏色看，他還以為自己是老大呢！可是，這種權力拉鋸，會讓青少年愈發覺得有權力是很管用的，也因此容易使你們雙方的對立更嚴重。青少年若有想掌握權力的跡象，最好的方法就是不要跟他鬥，因為沒有對手就爭不下去了。所以，你一旦認出他的目標是想追求權力，你就能開始練習應對的方法，以免達到他這錯誤的目的。

(3)報復：以報復為目的的青少年，大都認為自己不討人喜歡。他們相信自己若要尋得一席之地，就要用負面的方法來取得，像殘忍或傷害等。青少年若與父母有權力爭鬥，他們知道雖然在爭鬥中父母打贏了，他還是有辦法給父母找麻煩，讓父母心裡難過。碰到這種想報復的孩子，父母通常覺得傷透了心，或許也想扳個平手，就處罰他們；可是，受處罰的青少年，這下子卻更有理由進一步的報復了。

(4)表現能力不足（逃避）：表現自己能力不足的青少年，都是很灰心失意的。他的目標是要別人對他不再有期望，他表現給父母看的（也是給自己看的）是「我就是交不到朋友嘛！」「我就是減肥減不了（或體重增不了）嘛！」「我就是不會做這些習題嘛！」「我就是不會做家事嘛！」這種青少年相信自己能力不足，無法勝任這些事情，他們對自己的評價很低。還有些則認為，如果沒有辦法做到十全十美，還不如不要做。所以他們一旦沒有把握可以得到最好的，就馬上放棄不做。這種青少年的父母一般也都感到很灰心，也想要放棄；有時候，他們還真的相信，自己的孩子實在是沒能力、做不到。

(5)找刺激：青少年若是用不當的行為來尋求刺激，或尋求得太過分，父母就會開始警覺，並會發現自己花一大半的時間在應付孩子所闖的大小禍事，另一半時間在擔心他下一步又會做什麼。他們常為家中青少年孩子擔心受怕，也常常感到又氣又傷心。

(6)讓同儕接納：青少年尋求同儕的接納，只要在朋友的選擇上，和父母的意見相同，那就相安無事。可是，如果父母不同意他們交的朋友，不免就會為他們焦慮和煩惱。

(7)表現優越感：青少年追求優越感，如果表現在學業上、運動上，或其他正面的活動上，多半會被父母接受。因為許多父母都相信，子女的成就是父母教養的結果。可是，即使有些父母不以為然，我們還是認為過分想在某方面成就超越別人，對青少年和同儕間的關係，都可能是不健康的。還有，有些青少年用不當的方法，來表現自己的優越，比方說比別人喝更多酒，或比別人更膽大妄為，都是負面行為。想要表現優越的慾望，必須與想跟別人一起合作的慾望配合，成就公認是有益的事才對。

表 1-1　青少年不良行為的目標

青少年的錯誤信念	目標	行為[1]	父母的感受與反應	青少年對父母的行為表現的反應
只有被注意或被侍候的時候，我才覺得有歸屬感	引起注意	積極：扮丑角，惡作劇，打扮令人側目 消極：健忘，忽略分內該做的家事	煩 提醒，好言哄他去做	暫時停止不良行為，不久後又犯，或用別的方法來引人注意
我要掌握權力，或能證明別人管不了我	追求權力	積極：有攻擊性，反抗，不服從，有敵意 消極：固執，抗拒	氣憤，被激怒 以權制權或讓步投降	父母越強迫，他的反應越頑強，或是表面屈服、內在抵抗[2] 如果父母讓步，他就停止

青少年的錯誤信念	目標	行為	父母的感受與反應	青少年對父母的行為表現的反應
傷害我的人也要受傷害；沒有人愛我，我也不令人喜歡	報復	積極：處處傷人心，粗魯，暴力破壞 消極：用恨惡的眼光看人	傷透了心 反擊	變本加厲的報復攻擊，或採用別種武器
我要讓別人相信我真的什麼都不會，不要對我有什麼期待	表現能力不足	只有消極：輕易放棄，不願嘗試 逃學、想休學或退學 以酒精或毒品來逃避	失望，灰心，無可奈何認同他的表現，認為他真的沒希望 放棄	
我能製造刺激	找刺激[3]	不守常規 對酒類、毒品、性濫交、高危險的運動競賽、高刺激活動等產生興趣	焦慮，緊張，傷心難過，不知道下一步他又要做出什麼來？ 步步為營；如果是正當的刺激，或許也分享了他的興奮感。	排斥，或繼續尋求刺激行為（也可能轉為權力的爭奪戰）
我的朋友都接納我	尋求同儕的接納	不斷的追求廣泛的同儕接納	許可（如果朋友是父母同意的） 憂慮，焦急（如果朋友是父母不同意的） 想辦法要他們交別的朋友	排斥或繼續和他的朋友交往（也可能轉為權力的爭奪戰）

我什麼都比別人好（或者至少比大部分的人都好）	表現優越感	努力追求最高分數、最高榮譽	贊同，自感不如	繼續追求
		看不起父母和別人 用優越感來和別人對立	嘉許，並設法讓兒女保持優越	繼續滅他人威風，來增顯個人的尊貴

[1] 本欄中所舉的不良行為，都可能被用來達成別種的目標。要明白青少年不良行為的目標，唯一的方法是審查以下這兩種結果：(1)青少年有不良行為時，你有什麼反應；(2)你要改正他的行為時，發生什麼後果。

[2] 青少年此時的順服，只是為了避免跟你正面衝突，敷衍一下而已。

[3] 以下三項：找刺激、讓同儕接納和表現優越感，為附帶目標，這些目標並不只限存於親子關係之內，其他人際關係之中也可能存在；採用的行為通常是正面的。雖然這三種目標也可能是正面的好目標，但這裡我們所舉的例子，都是指負面、不負責任與後果的行為表現而言。

目標與行為的互動關係

青少年若志在尋求刺激、同儕的接納，或表現優越感，父母通常很容易就能辨認。如果不是表現太過分誇張，這些目標有時候還能有正面的作用。但是，青少年若以為只有達到這些目標，才能證明自己的價值，那麼，這些目標就成為一種負面的影響，孩子會變成叛逆、搗亂。

青少年常常在外面尋求被同儕接納、刺激和優越感，可是不論是在家裡還是在外面，尋求這些目標都會對他們和父母之間的關係產生重大影響。除了後面三項，他們也尋求前面那四種基本目標。比方：如果青少年抽菸、喝酒，他們可能除了尋求報復或權力，同時也在追求刺激和同儕的接納。還有那些經常看限制級電影，跟一天到晚都在打電動的，也是屬於這種有多目標的不良行為。青少年選擇父母所不喜歡的人做朋友，也可能是為了要父母注意他們。

如果青少年數學能力特優，爸爸卻連稅都不會結算，他可能就會利用這項優越感來打擊父親，表現他的權威和報復。發生性行為可能是追求刺激，也同時是在父母的控制範圍之外追求權力，還可能是想得到同伴的接納。至於自毀性的酗酒、吸毒等，不但是為了刺激和被同儕接納，也是在報復和抗拒父母控制，表現自己有權力的一種工具。青少年用毒品以求逃避現實，他外表上好像是在尋求刺激，可是實際上卻是在表現自己能力不足，他在說的是，對於生活、學業上的挑戰，他應付不了。

青少年對自己的目標並不自覺，除了想報復的時候明白自己的目標以外，其他的他並不明白；甚至在他們把報復當成目標的時候，他們只想知道別人傷害我，我也要讓他難過，完全不自覺這並不是處理事情的唯一方法。

青少年的目標會改變，同樣的目標會用不同的行為表現，不同目標卻也會有同樣的行為。父母想要知道青少年孩子不良行為的目標何在，最好的方法就是：觀察你自己對孩子不良行為有何感覺，並觀察對於你的行為表現，他有什麼反應。

認識全部七種目標是重要的，但是了解基本的前四種更具特別意義，因為這些是由你和青少年孩子的關係中產生出來的。你的反應改變，就能影響你的青少年孩子。

在你思索這七種不良行為的目標之時，記得這七種目標在所有青少年和成人身上都會以不同面向表現出來。如果你是按照書中要求你做的練習活動，在一星期之中，分析你的感受、你的言語和行動，可能你就會找到這七種目標的證據。但是請記住：世上沒有完美的人！請你小心找出這七種目標，並不是要你證明自己的青少年孩子有多「壞」，而是要你了解他們的不良行為，和你對他的不良行為怎樣回應。只有用這種方法，才能中止無效的行為模式，而新的、有效的親子關係才培養得起來。

積極的目標

我們說青少年的行為都有他們的目標，所謂目標，就是所有行為的方向和指標。就像我們旅行有個目的地，所有的路程和途徑都是根據這個目的地定出來的；而且就像我們能選擇旅行的目的地一樣，我們也能選擇自己行為的目標，在《阿德勒的青少年教養課》中，我們的信念是：每個人都有能力了解自己的作為，也有能力選擇自己要做什麼。

伴隨著不良行為的目標，青少年追求的也有正確而積極的目標（這點其實每個人都一樣）

。我們前面提到過，那些目標如果追求得太過分，或是會傷害到自己或他人的時候，才變成負面的。因為要別人注意他、希望有權力、找刺激、要同儕的接納、想表現優越感，很明顯的都可以成為正面的目標，藉這些目標可以培養個人的自尊自重感，既可以滿足他個人，也能被社會接受。如果一個目標能培養自重重人的品格，願意負責任，願與人合作做出有成效的事，那麼，這就是正面的目標。

青少年和所有人一樣，追求的目標有正向的，也有負向的。青少年的行為若反映著正面的目標，父母就有責任加以鼓勵（鼓勵的過程非常重要，我們把本書整個第4章都拿來討論這個題目），而鼓勵他們的合作尤其重要。所謂合作是指「願意參與人與人之間的付出與獲得的雙邊關係」——也就是除了關心自己的福祉，也要關心別人的福祉。鼓勵能增強青少年的自重感，讓他覺得自己有價值；一旦這種感覺慢慢生根成長，青少年自然就願意和父母或他人合作。有了父母的幫助，他們就開始能為自己的作為負責，做出聰明的決定，也能接受自己的決定所產生的後果。

我們不是在這裡說天方夜譚，這只是基本心理學而已。不負責任的青少年，只想著替自己的錯誤行為辯解，他們不敢評論自己；而健全的青少年比較願意評估自己的行為，發現錯誤的時候，也比較樂意修正。他們看得出合作的價值，如果用正面的行為他們也能得到歸屬感，就比較不會傾向有不良行為。他們通常不必尋求他人的注意，因為他們知道他的正面行為一定會被注意到；而那些利用自己的負責和能力得到成果的青少年，就不覺得需要和父母爭奪權力。

青少年一旦自覺自己相當不錯，對別人——包括對父母——也會比較尊重。

表1-2 積極行為的目標

青少年的信念	目標	行為	如何鼓勵積極的目標
我有所屬，因為我對群體有貢獻	要人注意[1] 參與 接納	助人 義務幫忙 合作	在家庭會議中，與家人同享個人與全家的共同目標 接納他的參與，讓他知道你感謝並領受他的協助和合作
我可以自己做決定，也能為自己的行為負責	權力 自主能力 獨立	自己做決定 不必別人叮嚀就能自動自發的做事 有很多內在的資源可以運用	鼓勵他自己做決定 表示你對他有信心
我要合作，我也有平等權	尊重 對自己和別人都以平等相待	尋求自己的權利與義務 以尊重的態度對待他人	對青少年平等相待 對別人也以尊重的態度相待，青少年才有模仿的對象，學習尊重別人

青少年的信念	目標	行為	如何鼓勵積極的目標
我可以決定從衝突裡退出，也能以自敬敬人的態度處理事情	退出衝突 用積極的方法解除衝突 拒絕用無益的辦法來解除衝突 接受他人的意見	不理會他人的挑釁 從權力爭戰中退出	避免以強權壓制 承認並鼓勵青少年用成熟的態度處理衝突

1 在這裡青少年所以尋求別人的注意，是為了要參與，因此他得到的注意是副產品。如果幫助他人主要的目標是要引人注意，那這行為就是負面的。

對不良行為的反應

整套「父母效能系統訓練」的課程，提出一系列有系統的方法來對付不良行為：傾聽的技巧、溝通的技巧、訓練的方法和家庭會議等。在這裡，我們要再強調幾個概念，並且介紹幾種有效的策略。

行為不良的青少年，通常不可能一朝一夕就放棄他原來的目標，立刻改正過來，父母需要時間和努力。請不要忘記，父母不能改變孩子，父母只能改變自己和自己的行為。其實，父母若改用別的反應方式，一開始，可能青少年會更變本加厲，可是父母一旦決定改變，慢慢地青少年就會察覺到老方法根本沒用；也就是這個時候，青少年才有改變的動機。如果父母繼續用老方法來對付青少年的不良行為，他們就不會有要改變的動機。

對付他們不負責、具攻擊性或無動於衷的行為，你最好的對策就是：想想他期望你怎麼反應，你就避免那種反應，中斷以前那種舊模式。

比如你十四歲的女兒，為了要惹你生氣，故意學她最崇拜的歌手的打扮，大搖大擺到餐桌來，你最好的對策就是不理她。因為你如果生氣了，她一定就會故技重施，以得到你的注意。

對付引起注意的行為，一般最好的對策就是：不要有求必應。就算是他以有用的行為來要求，也不要滿足他。父母為了要讓青少年學會自動自發，就要在他沒有預料到的時候，在他無意引起注意、「不小心」做了正確的事的時候，給他嘉獎和注意。

大部分的父母與青少年的衝突是權力的爭奪。父母要了解權力爭奪戰是得不償失的，因為其所引起青少年的反抗和父母的怒氣，反作用更大。你要記住，孩子不僅能公開對抗，也能用消極的相應不理來對付你；你會發現，對他吼了半天，喉嚨叫啞了，他還是無動於衷的時候，你也沒有贏。

我們建議你，對權力爭奪敬謝不敏，讓青少年親自體驗自己行為的後果。讓他參與協助、出意見，使他跟你合作。從你自己專權、自己做決定的寶座上讓位下來，讓青少年無從找到一個專權的對象來反叛。父母一旦不跟他鬥氣、不跟他比大聲，他那反抗的帆張不起來，就沒戲唱了。既然沒有風（怒氣），哪兒也走不了，他非得再找出一個新的、有效的方法才行。透過這本書的指導，父母能指示他們什麼是有效的方法。

青少年孩子的報復行為，總使父母感到難以克服的傷心。請記住，青少年的報復行為，本來的目的就是要讓你難過，所以在這種情況下的父母，要刻意的避免難過。不但不可以想辦法報復回去，還應該以信任做基礎，設法建立一個良好的關係。善意和耐心，能幫助你解除青少年孩子想報復的慾望。

對於表現能力不足的青少年，你就千萬不能放棄；因為你如果放棄，他會覺得更灰心。表現同情或蔑視，也會增加孩子的無望感，對這種青少年，鼓勵是特別重要的。我們建議父母不但要完全停止批評，而且對他的每一種努力都要給予鼓勵。

不要對青少年解說他行為的目標是什麼，因為他會認為你在論斷他。

在下面幾章裡，我們會提出許多應付青少年不負責任的方法，我們會指出如何發展相互的尊重，如何決定什麼問題是屬於你的，什麼問題是青少年的，還有如何訓練你的青少年孩子。這一切的關鍵，都在於你自己的改變，以及改變你對青少年孩子不良行為的標準反應模式。

復習與發想

問答題

1 父母溺愛青少年有哪些方法？請指出你要用什麼方法來避免溺愛你的青少年孩子？
2 有關於平等和互相尊重，你和青少年孩子這方面的關係如何？
3 在讓青少年培養自立與學會為自己的行為負責任，這兩者之間的平衡對你來說，有什麼困難與挑戰？
4 降低你對青少年孩子的控制，會怎樣減輕你們之間權力的爭奪戰？
5 你的青少年孩子是用什麼方法來尋求重要性和歸屬感？
6 不良行為有哪四個基本目標？其他還有哪些也是青少年不良行為的目標？
7 要辨認出青少年不良行為的目標，有哪兩個步驟？你怎麼知道他是在引起注意？怎麼知道他是想掌握權力？要報復？或是在表現能力不足？
8 大致說來，針對青少年要求別人注意、追求權力、報復和表現能力不足的不良行為目標，父母該如何回應？這種回應的方法如何能幫助青少年發展較積極的目標呢？

本週活動

分析你青少年孩子的不良行為，找出本章所提到的四種不良行為的目標：引起注意、追求權力、報復或表現能力不足。或許你也想找一找孩子是不是還有另外三種目標：找刺激、讓同儕接納或表現優越感。請依循以下的步驟：

1 說明你的青少年做了什麼不良行為：

2 說明你對他的行為有什麼感覺，你怎麼回應他：

3 說明對你這樣的回應，你的青少年孩子有什麼行動反應：

4 思考一下第2與第3個步驟，然後決定他這個不良行為的目標為何：

請同時注意他的正面行為，並思考應該如何鼓勵他。

【個人發展練習 1】管教型態

父母管教的型態，有的很放任，有的專制，也有民主的。你的管教型態，通常和青少年孩子生活中的某一方面表現有關。請你界定下列各方面，你一般典型的反應如何（也就是你感覺怎麼樣，採取什麼行動），並請歸納出在下列這些方面，你的管教型態是哪一種：

	典型反應：	管教型態：
1 對青少年孩子的學校課業	________	________
2 對青少年孩子交同性朋友	________	________
3 對青少年孩子交異性朋友	________	________
4 對青少年孩子幫忙家事	________	________
5 對青少年孩子接受家庭價值觀與家庭目標	________	________

在分析、歸納自己的表現之後，請進一步思考下面的各項問題：

1 你的管教型態是一致的嗎？還是有時有改變？如果有時會改變，是什麼原因？

2 以上的練習對你學習了解自己有什麼幫助？

3 讀過本章，在你的反應方面，有什麼改進嗎？

4 你打算怎樣開始改進？

要點提示

1 避免溺愛。青少年自己該做的事，不要經常替他做。

2 把握「父母與青少年都是平等的人」這個概念，記得互相尊重、互相信任才是平等關係的基礎。

3 唯有父母願意改正自己的態度，才有辦法改變與青少年孩子的關係。

4 幫助青少年孩子了解「獨立自主」和「負起自己的責任與行為後果」是相連在一起，不可分開的。

5 停止對他的操縱——中止跟他的權力爭奪戰。記住，父母的強硬態度只有招引他更強烈的抵抗。

6 你對他的期望要切合實際，不能過高或過低，也容許他自己設立對自己的標準。

7 學會辨認下列這些目標：引起注意、追求權力、報復、表現能力不足、找刺激、表現優越感和尋求同儕接納。

8 針對他的不良行為的四種基本目標，你的反應要注意下列的要點：

● 引起注意：不要去注意他，甚至他做出有用的行為時，也不要應他的目標去注意他。

● 追求權力：對權力之爭敬謝不敏；讓他經驗自己不良行為的後果。用徵求他的幫助、意見和建議等，來引導他合作。

● 報復：不要自覺受傷害，不但不要試圖反擊他，反而要設法以信任建立彼此的關係。

● 表現能力不足：不可批評他，對他所做的任何正面的事都給予適當的鼓勵。

9 努力建立彼此間的良好關係，使青少年願意主動追求正面的目標，如合作、參與、自立與負責等。

改善親子關係的計畫（第一週）

●我特別關切的事：

●我通常的反應：

□談論，訓話	□處罰，羞辱
□抱怨，數落	□放棄不理，因為太灰心
□生氣，怒吼	□運用權力取消特別待遇
□嘲諷，挖苦	□其他：

●我本週的進步情形：

	改進	退步	未變		改進	退步	未變
我了解他行為的目的	□	□	□	從衝突情境中退出	□	□	□
基於互敬的原則，發展我們之間的平等關係	□	□	□	表達對他的疼愛和正面的感受	□	□	□
給予鼓勵	□	□	□	安排民主的家庭會議	□	□	□
更有效地表達訴諸情感的回應	□	□	□	適度地修正對孩子的訓練方法	□	□	□
嘉許他的良好行為，也讓他學習負起責任	□	□	□	給他選擇的機會，以避免訓練發生困難	□	□	□
傾聽他說的話	□	□	□	行動堅定，態度溫和	□	□	□
不抱怨也不責怪的把自己內心的感受說出來	□	□	□	不是我的問題，我不攬在身上	□	□	□

●我學習到：

●我計畫改變我的行為，方法是：

1.

2.

3.

2

個性的發展

父母當然有責任持續把兒女引導向一個快樂、有建樹的人生，可是引導和影響卻不是要「塑造」他，也不是要抹殺青少年人自我的基本個性。引導會產生合作；抹殺只會招致反叛。

青少年時期是一個行為與態度都在改變的時期。有一些外向、愛交朋友的青少年，忽然轉變成安靜、退縮；也有些安靜的青少年，變得開放，甚至變得有攻擊性。表現敵意或反抗，可能是青少年表達獨立自主和發展自我認知的方式。我們以亞力，這個十四歲的青少年的個案來觀察：

亞力小的時候，一直都是一個安靜又有禮貌的孩子，對學校功課也很認真。他只有幾個朋友，可是相處得很好；他的家人也都認為他很靠得住，又很合作。然而，到了國三的時候，亞力變了。不但不安靜、不合作，他還常常跟父母爭吵，也不參加家人的活動了。亞力的父母認為他是過度受到朋友的影響，也開始擔心會「失去」他。亞力是在改變，可是他父母不懂到底是什麼原因讓他變了呢？

如果亞力的父母觀察一下他行為的目標，可能會發現，他覺得跟朋友在一起比跟父母在一起有意思得多——他要得到同儕的接納。再加上父母和哥哥都把他當孩子看待，根本不把他正在變成一個大人的事實看在眼裡，亞力的怒氣和攻擊性可能就是在反抗人家把他當小孩子一樣看待。用權力跟家人對抗，對亞力來說，是一種強迫家人接受他是個大人的方法。

要了解你和青少年孩子之間的關係是項挑戰。尤其是青少年正值轉變期，使得了解變得更不容易。但是父母要以漸漸成長的大人來對待青少年，不能再以小孩來相待，這的確是很重要的。以對待成人的態度來對待他，會使你們之間的關係有比較長遠的良性發展。

你先停下來想一想，你跟別的成人的關係是怎樣的關係呢？拿你最要好的朋友來說吧，他也許有某些你很不贊同的特質；比方說，他可能不夠合群，太固執己見，不是一個懂得傾聽的朋友……可是，大致說來，你不會想去改變他的行為吧！畢竟，要別人改過可能讓人誤解你的用心，何況也不一定有效呢！父母和青少年的關係，可能出乎你意料的，就跟你與好朋友之間的關係一樣的類似。想要改變你青少年孩子的個性，跟你想要改變朋友的個性一樣，是徒勞無功的。

如果父母把青少年孩子看做和自己平等，就不會想方設法要把他們塑造成所謂比較「像樣」的模式。父母當然有責任持續把兒女引導向一個快樂、有建樹的人生，可是引導和影響卻不是要「塑造」他，也不是要抹殺青少年人自我的基本個性。引導會產生合作；抹殺只會招致反叛。

個性是一個人對周圍世界的觀感及組織的方法，個性使得每個人變得獨特，與眾不同。它包含著一個人的信仰、目標、情緒和態度，影響著我們每個人的行為。雖然個性人人不同，但若是為著某些目的，我們就會做出相同的行為，這些行為也都是我們能了解的。然而，青少年的行為可不都是那麼容易了解的。有時他們的個性和行為不相配合，甚至有時兩者根本背道而馳，互相抵觸呢！

比方說，有人臨時取消了一個約會，或到了約定時間人沒來，你女兒可能為此大發脾氣；可是，你卻發現她也一樣，毫無理由的臨時爽約。這種行為簡直是矛盾、不合理，可是，只要你女兒相信能控制她與別人之間的關係，或表現出自己是特別的，對她才是要緊的，那麼，這些行為對她來說就很合理了。

要了解你青少年孩子的行為，就要你仔細察看他所追求的目標。對於他這些前後不一致的行為，你也許要問一個簡單的問題：他的這些行為，到底有什麼目的？對於這些行為他是從什麼角度看，所以認為是合理的呢？

生活型態：生活的藍圖

在童年的早期，人類即自然地會運用原創力來發展一套信仰，並依照著這套信仰來生活。心理學家阿德勒（Alfred Adler）把這種建構稱為生活型態。生活型態會統合各個人的性格，每個人的生活型態因此各有不同，因為各自包含著他對自己、對別人以及對世界的種種不同的理念，也包含著他從這些理念中，整理選擇出來的自己的長程目標。

雖然我們不一定明白構成我們自己生活型態的理念是什麼，可是這些理念卻是我們生活中一股很強大的力量。這些理念是從兒童早期就開始成形的，然而因為個人經驗多有限度，所以我們所相信的，常包含很多錯誤的歸納、錯誤的信念。比方說：

- 我一定要得第一才行。
- 所有的人都靠不住。
- 生活中充滿了危險。

很顯然的，這些信念都離實際有些距離。雖然對孩子來說，這些信仰都是合理形成的，可是大人如果也相信，就是有偏差了。然而，這種有偏差的意見和信念，常常會主導著成人的生活，他們不知不覺的就根據這種錯誤的概念來生活，既不去質疑，也不去澄清它。這些信仰通常不會改變，除非這個人經歷到某種治療性的經驗，如災難事件、宗教體驗、成功的心理諮商或自助經驗等，才有可能改變他的觀點。

每一個生活型態都是一個藍圖，建構在一套信仰上，個人就從行動和作為中把這藍圖實現出來，表達出來。生活型態包含著長處和短處。比方說，相信「我非要得第一不可」的人，可能很了解得勝的方法；但從另一個角度來看，這些人也是最容易退縮和放棄的人，因為當他沒有把握得勝的時候，他就拒絕參與，因此他也阻礙了自己的發展。何況這種人為了得第一，也常不擇手段，甚至侵害他人的權益也不顧。當然，這種好強拚命的人，可能成為優秀的外科醫生或設計師，嘉惠這個社會，但也有可能設計出天衣無縫的犯罪案例，危害社會。

生活型態的影響因素

人的生活型態是受許多因素的影響而形成的，對這些因素有了解，能幫助你認出在青少年孩子的生活型態裡，你扮演的是什麼角色。

遺傳

心理學家及其他科學家一直在辯論，到底遺傳和環境對人的個性有何影響？哪一個比較重要？

遺傳對生活型態會造成多少影響，是無法評估的。個人的文化觀在這裡也扮演著一個重要的角色。比方說，覺得自己長得太矮的人，會因為自卑感而努力去彌補這個缺陷；有些體重過胖的人，雖然知道這個缺點並非不能改變，他還是會懷疑自己的價值，也會擔心別人不願意接納他。再說，如果他們自覺外觀不美，常常會有退縮行為產生，把自己與同儕隔離。而對特殊或傑出的才能，也能使別人跟他格格不入，比方一位被稱做數學天才的女同學，或一位擅長跳芭蕾舞的男同學，都會發現他們不容易被同儕接納。這些天生的因素到底對一個人的生活型態有多少影響，大都因人而異。

很多情況中，我們對遺傳特質是無力改變的，可是我們卻能採取不同的角度來接受這些遺傳特質。比方說，長得矮的人不一定要覺得自卑，運動能力不足的人，也不用哀歎——因為有的人以「勤能補拙」來改進自己的能力，也有人利用缺點當做跳板，發展出新的專長與能力。比方說，一個體育能力不足的青少年，雖然當不了運動員，可是卻發展成一名教練，或一名體育評論家。

父母一定要知道自己青少年兒女特殊的弱點是什麼，然後鼓勵他們接受自己的弱點，再求進一步的改進，這是很要緊的。至於怎麼做呢？有一個方法，就是專心集中在他的優點和長處方面，並盡量不去注意他的弱點。

家庭氣氛與價值觀

家庭氣氛——也就是一家人彼此之間的關係，是子女認識人際關係模式的開端。同一家的孩子常擁有某些相似的性格上的特質，可能就是同一種家庭氣氛產生的成果。但是，每個孩子對同一種氣氛，卻又各自有不同的感受和反應，因為每個人本來就是獨特的嘛！

一個家庭的氣氛可能雜亂無章，也可能井井有條；可能嚴厲，也可能鬆懈散漫；可能彼此競爭，也可能彼此合作；可能前後不一，也可能很一致。家人關係（包括父母之間的關係）可能是平等，也可能是不平等的；父母為孩子所設的規範，可能是合理的，也可能是不合理的。所有的這種種的要素，都會影響這一家庭裡的孩子們所培養出來的生活型態。請用幾分鐘的時間看一下表2-1詳述了家庭氣氛是鼓勵性的，還是喝倒采、具打擊性的，以及二者之間的差別會給青少年帶來什麼結果。

表2-1　良好的家庭氣氛與不良的家庭氣氛

不良的家庭氣氛	青少年可能的表現	良好的家庭氣氛	青少年可能的表現
過分保護	依賴別人，不想自立	自立	成為獨立自強的人
過分縱容	變成不負責任	尊重	成為負責任的人
排斥	自卑，覺得自己沒價值	接納	發展出自信心
權威	依附權力卻同時想要反擊權力；或變成有依賴性	平等	自愛愛人，相信每個人都是有價值的
放任	不管別人的權益		
標準訂得過高	對自己的能力不滿，缺乏自信心	標準訂得適當	所定的目標切合實際，也做得到
可憐孩子	自怨自艾	有信心	相信自己有能力管理自己

教導前後不一致	覺得自己無法信任別人；相信人生是不公平的	教導前後一貫	相信生命，也信任自己
喝倒采	變成很愛嘲諷，很悲觀	鼓勵	成為樂觀、對前途抱有希望的人
否認他人的感受	學習把感情藏在心裡，堅不吐露	表達內心感受	不怕面對自己或他人的情緒或感受
競爭	容易焦慮，努力方向非大好即大壞；除非肯定會贏，否則不願嘗試	合作	培養社會興趣，能參與互惠的行動；願嘗試新的經驗，也能接受後果

家庭中所持的價值觀，對孩子的生活型態也有深遠的影響。家庭的價值觀是指「父親或母親認為最要緊的事情」，就算父母之間並不完全同意彼此所認為最重要的事，它對孩子的影響卻是一樣深遠。

家庭價值觀基本上可分為兩類：一類是家人都知道的，還有一類就是家人都不知不覺的。家人通常都知道的價值觀，是有關教育、宗教、錢財方面的；而當事人可能不自覺的，則比如要贏別人、要有操縱權等，都不是那麼清清楚楚定義得出來。然而，即或是不自覺，其影響力還是一樣強大，這些價值觀都強烈地影響家人的個性和生活型態，不管個人自覺與否。

青少年時期是孩子開始檢驗家庭價值觀的時期。青少年常常直截了當地排斥他的家庭價值觀，有的是暫時排斥，有的是永遠也不接受。排斥家庭價值觀——也就是排斥父母認為最重要的事，當然會在親子之間掀起衝突。比如說，父母要孩子上教堂他不肯，父母對孩子選擇的朋友不同意，或是彼此在決定要上哪一所學校時意見不同——這些衝突都會變得很棘手，很難解決。

可是，這些衝突一定避免不了嗎？父母必須要認清的一點是：沒有青少年可以保證一定會接受你全部的價值觀。為了要讓他們發現自己的價值觀，首先要讓他們有機會去檢驗自家的價值觀。這意思是說，他們要先觀察父母相信的是什麼，探索在與他們意見衝突的這件事上，有什麼長處和短處，然後再根據他自己相信的一套價值觀，決定是要接受父母的看法、修改它，還是完全排斥。這些都是每個人應該為自己做的決定。

在很多方面，青少年和父母都可能有不同的價值觀。

有的父母認為只有靠體力賺錢的工作才有意義，而青少年和他的朋友可能認為恰好相反；有的父母可能不贊同孩子交的朋友，認為那些朋友出身、家世、宗教、種族的背景都跟他們不相稱；有的爸爸認為孩子交異性朋友、約會，都應該有父母的同意和督導，可是青少年有自己的看法，跟父親正好相反；有的父母對身體的健康、營養等很看重，而孩子卻不怎麼在乎；甚至父母看見自己的女兒抽菸、看見兒子和女朋友的關係很隨便，都是很不容易面對的難題。

如果父母跟兒女的朋友持不同的價值觀，使得兒女跟自己格格不入，要怎麼辦呢？你一旦看清了，青少年遲早要自己做決定，找出什麼是他們自己的價值觀，那麼，身為父母也要決定自己身為父母有什麼該達成的事。如果青少年要變成獨立又負責任，那麼他們就要學會為自己做決定，也要為自己做的決定負起責任。這時候，父母的挑戰是：給他該負的責任。比方說，如果碧芬想退出游泳隊，她就要放棄參加游泳隊所附帶的特權和好處；如果克敏有體重過重的問題，可是又不願意節食，還拚命的吃零食，他就要忍受自己貪吃的後果。做決定，經驗其後果，是青少年發展自身價值觀最有效的方法。

那麼，這是不是說青少年在發展自身價值觀的時期，父母都不能去影響他嘍？我們認為並不是這樣。根據經驗來說，如果你能把你的價值觀清清楚楚地跟你的青少年孩子溝通，能說出你認為最重要的是什麼事，又為什麼這些事對你那麼重要，這或許會有幫助。但要記住，如果你想要達成任何有效的溝通，一定要在友善的氣氛中進行，決不能想要以居高臨下的態度要他接受。一旦你把你的意見陳述出來，又開誠地鼓勵他也表達他的看法，並傾聽他所說的，雖然你不一定贊同他，至少也能表示你了解他的價值觀。

你也可以幫他想一想，他這個決定做下去，可能產生的後果是什麼。經過這種開誠布公的討論，你和青少年孩子至少會達到某種共識，你也比較了解他究竟要做的是什麼樣的決定。再說，藉著打開對話的門，進行傳達和溝通，你也會比較清楚你自己的價值觀到底是什麼。（在第5、6章裡，我們要探討傾聽和解決問題的技巧，都能幫助你們之間的討論。）

請記住，在和他討論的時候，你的角色只是在「探討」彼此的價值觀，不是在灌輸和執行你的價值觀。很可惜的是，我們做父母的，常常會認為一定有辦法讓青少年孩子接受我們的看法。我們總以為，嚷得大聲一點，表現得更生氣或更失望，青少年孩子就不得不接受。可是，事實上，這正好把青少年從溝通的管道上趕走了，我們會因而失去開誠布公、彼此了解的好機會。

所以，把你相信的，清清楚楚地說出來，但不要強迫他接受。還有，當他在說他的價值觀的時候，小心不要攻擊他的看法，否則你會徒勞無功，甚至反而會推動他更抓住他的價值觀不放。舉個例來說，如果你命令你女兒一定要參加教會禮拜，她可能就偏偏決定再也不去了；如果你強制兒子，高中畢業以前絕不能喝酒，你會發現他反而覺得酒的吸引力特別大。

應該怎麼做才對呢？你應該告訴他的是，為什麼你覺得喝酒是不聰明的作法。你說的——還有你以身作則的榜樣——也許不能改變他想喝酒的意願，可是你的看法會留在他的心裡，可能在他要喝酒的時候，能幫助他決定到底該不該喝，什麼時候才能喝，還有喝多少等。總而言之，你對待青少年的最好方式就是：信任他，也預期他將會為自己做出有責任感的決定。

還有，青少年對父母是不是以身作則，感覺是很敏銳的。如果他們看到父母說歸說，做的又是另一回事，那麼父母說的就都變成無效的了。比方說，有些父母強烈反對別人抽菸嗑藥，可是自己對酒卻毫無禁忌，父母的喝酒過量好像是在說：「酒精中毒比起毒癮，不算什麼！」

那青少年大可能想說：「那我乾脆也喝酒算了，省得他們嘮叨！」

青少年固然需要建立「自己是誰」的概念，父母也一定要擺脫一種想法，那就是：孩子需要我，我才有用。我們看見父母常藉孩子的成就來顯示自己的重要性。比方說：「曼亞得到模範生獎。」應該是說：「曼亞對學業很有興趣。」而「德威在一場籃球賽裡，獨得十七分哩！」應該是說：「德威很喜歡打籃球。」就好了。我們以子女的成就為榮，本來是沒有什麼不對的，可是，以孩子的成功來衡量自己身為父母的重要性，卻是不當的。

被青少年孩子需要並沒有什麼不對，難處是在學習「什麼時候」他才真正需要你。傾聽你的孩子，了解他的志向和興趣，不要強制地把你的志向、理想和價值觀推給他。幫助他實現他的志向，盡可能給他機會，給他鼓勵。他達不到某個目標的時候，千萬別對他表示失望；最要緊的是，他需要協助的時候，你要隨時能在一旁協助他。你的青少年孩子一定有許多時候，或想跟你談談，或有問題想問你，或想聽聽你對某件事有什麼意見，如果你跟他建立了一個開誠布公的關係，他一定會來找你談的。你和孩子之間有一種自由溝通的氣氛，跟你一天到晚盯在他後頭，這兩種關係是有天大的差別的。

請記得以下的這幾個概念：

- 把你的價值觀清清楚楚地跟孩子溝通。

● 你說得到的事，也要做得到才行。你心裡所相信的事，孩子會看你是否身體力行。
● 青少年終將自行決定自己的價值觀，這一點你必須認知，也要接受。

榜樣

孩子觀察父母和其他生活上重要的人物，就形成了對成人角色的概念。青少年觀察成人的行為、態度，察看什麼行為好像最能產生效用，就跟著學。同一個家庭中，有的子女決定以母親為榜樣，別個子女卻以父親作榜樣；還有的孩子從雙親的行為中，選出最有效的來模仿。

有些父母問我們：「為什麼我的青少年孩子專選我的缺點來模仿，卻不學我的優點呢？」如果你也有同樣的疑問，請問問自己：「會不會是我的缺點比優點更有效呢？」舉例來說，如果你經常以發怒來爭取你要的東西，你兒子看在眼裡，知道這招有效，就會模仿這個模式了。因此，仔細了解自己的作為和態度，可能成為兒女怎樣的模樣和典範，是很重要的。

兒童期的教養

你父母教導你的方法，會從兒童期影響到你長大成人。同樣的，你教養子女的方法，也影響他們的生活型態和個性。如果父母很專制，教出來的青少年可能暴躁失控，可能委曲服從，也可能反叛作對；同樣的，縱容的父母也能影響孩子成為沒有安全感，或極端愛使喚別人。如果在未進入青少年期之前，子女就經歷到正確的教導方法（請參閱《阿德勒的父母成長課》與《阿德勒的幼兒教養課》），那麼，青少年孩子與父母的關係就會融洽得多。可是，父母要改進教導子女的方式，永遠不嫌晚。

家中排行

要說父母對子女的發展要負全部的責任，那根本就是不對的，影響一個孩子的生活型態，最大的因素可能是孩子在家中的排行和地位，對他來說有什麼意義。

家中排行是指心理上的位置，也就是每個孩子在家中與兄弟姊妹之間的心理上的位置。每個孩子出生時，自有不同的順序，而家庭是會改變的！頭胎的孩子都經過一段獨生子或獨生女的時期，一直到老二誕生為止；而老二或以後出生的孩子，就都要學會如何應付比他年長的手足。除非這老大有身障或心智障礙，才有例外的情況。

手足之間常常覺得要在家庭中爭取一個自己的地位，而每個人爭取的方法各有不同。比方說排行老大的真玲，在學校表現優越，她妹妹如玲，可能就決定不在學業方面跟她匹敵，而在別的活動（如運動或戲劇等）另放異彩。再舉另外一個家庭為例，老大銘格在各方面都越來越進步，弟弟銘榕卻顯得越來越退卻不前。

真玲、如玲，銘格、銘榕，都以自己「特殊」的方式來獲得成就。

當我們提到家庭氣氛、家庭價值觀可以說明手足之間的個性為什麼相似的時候，也要記得手足在家庭中的排行也可以說明他們為什麼個性相異。在家庭中對一個孩子的發展影響最大的人是跟他個性最不相同的手足。這個手足，通常跟他年紀最相近，也因此是跟他競爭最強的對手。不論一個家庭有多少孩子，最大的競爭通常發生在老大和老二之間。這兩個孩子（不管後來父母是不是還生了更多的孩子）至少有一段時期是僅有的一對，為了要各自佔有一席之地，激烈的競爭可能因此產生。

手足間的競爭可能直接的表達出來，比方說，他們可能同時爭取成為最佳小提琴手，最優秀的手球隊員，或最受疼愛的孩子；也可能間接的表達出來，比方說，選擇跟對方完全不同的領域來發展。

有的父母可能不知不覺中助長這種競爭，因為稱讚了那個他認為表現優越的，或批評那個他認為成就不及的，都會加強他們之間的競爭。如果父母能自覺這一點，停止批評那個好像不一樣的孩子，就比較容易取得孩子的合作，孩子也比較願意再嘗試別種困難的任務。記住一個要點：要增進孩子健全的發展，唯有從著重他的長處做起，強調他的弱點是事倍功半的。

第三個孩子出世以後，老二就變成「夾在中間」的孩子了。中間的孩子經常會覺得受到排擠，因為他既沒有老大的特權，又沒有老么那麼受呵護，只覺得自己被忽略掉了。

家中最小的孩子，很容易學會應用自己是老么的特權，他常常表現得可愛或笨拙，叛逆或凡事順從，也可能愛差使別人或顯出什麼都不會的樣子。總之，為的都是要別人伺候他。

獨生的孩子，在他早年的成形期時期，因為都是處在大人的世界裡，可能發展一種很明顯的特質：聰慧又會講話；但也可能發展成安靜又嚴肅的個性。生活在大人的世界裡，可能促成他早熟，但有的反而選擇永遠像孩子一樣的，不願長大。

雙胞胎在家庭排行中的地位相當有趣，很多父母對待他們的雙生子女好像不是對待兩個單獨的個體，倒像是在對一個單位一樣，一起叫他們兩個為「雙生仔」。在這種情形底下，兩個雙胞胎可能就會努力突顯自己。其實雙胞胎之間都很自覺誰是先生，誰是後生的，他們之間也常常形成一般老大與老二之間的關係。

以上是五種排行型態在心理上的基本位置。也就是：獨生，老大，老二，中間兒跟老么。其他生長順序都可以參照這五種位置。比如在一個一共有四個孩子的家庭裡，老三的位置可能是雙重的，或許是三個大的裡頭的老么，也同時是兩個小的之中的老大；如果在這種情形下，這個老三就同時會兼有這兩種排行位置的特質。

至於排行位置對青少年有什麼影響，端看他對自己在家中的排行有什麼看法。可是，有一些家庭中排行的典型特質還是觀察得出來，請參考表2-2。

表2-2 家庭排行位置對孩子個性成長的典型影響[1]

獨生子女[2]	老大	老二
太受呵護，被寵壞了 覺得大人比較能幹，自己什麼都不行 家人注意的中心，樂於享受這個地位；覺得自己很特別 自我中心 倚賴別人的照顧，不願身體力行 別人不能照他的意思做就覺得很不公平 可能拒絕與人合作 小時候和同伴處得不好，可是長大以後和大人相處較好 高興的時候才會討好別人 有獨創力 可能有老大的努力精神，又兼有老么的自卑和愛使喚別人	曾一度是獨生子女，習慣於家人的注意和溺愛 覺得自己一定要樣樣都比弟妹好 因為自以為是，常要操縱弟妹 老二的出生可能威脅到他的受寵地位，會覺得自己被忽略了；故順從父母以圖重新得寵，如果不成就搗亂不合作 可能發展出能幹、負責的個性，也可能變成灰心氣餒 有時會努力保護和幫助別人 努力取悅別人	從來沒有獨佔過父母的寵愛 總是有個哥哥或姊姊比他領先 好像在賽跑中，總想超過老大。如果老大很「乖」，他有可能變得很「壞」 發展出老大不會的技能 如果老大很成功，他可能對自己沒有自信 可能反抗 通常不喜歡自己所處的排行地位 如果老三出生了，他會覺得受「排擠」，可能欺負比他小的

三個裡的中間兒[3]	老么
既沒有老大的權威，也沒有老么的特權 覺得生命很不公平 覺得沒人愛，被人忽略，被「排擠」 覺得在家中沒地位變得灰心，甚至成為「問題孩子」，或欺負弟妹 很有適應力，能和兄姊相處，也能跟弟妹合得來	舉動像獨生子女，覺得每個人都比他大、比他能幹 等著別人替他做事，替他做決定，也替他負責任 覺得自己最小、最弱，覺得人家都不把他的事當真 變成一家人的「老闆」，每個人都要順他的意思 發展出自卑感；也可能變成一匹黑馬，趕過所有的哥哥姊姊 永遠長不大，覺得人人要侍候他 如果是三個孩子裡的老么，常常和老大聯合對抗中間的老二

1 以上所列的個性特質，並不符合每個家庭裡的每個孩子，但是典型的特質還是可以辨認得出來。

2 獨生兒通常想當大人，所以跟別的孩子較處不來；可是長大以後，他們會覺得自己好像「好不容易」終於長大了，就變得跟其他成人、跟同儕都能處得很好。再則獨生兒在早年的形成期裡，幾乎都是在成人的世界裡長大的，他們既得學會跟成人相處，也得學會自我娛樂，因此在他們所做的事情上，常常表現相當高的創意。

3 三個孩子中的中間兒，和多子女中的中間兒有所不同。多子女中的中間兒，比較不那麼愛競爭，因為父母無法分給每個孩子很多時間，所以孩子們因而學會彼此合作，以達到所要的。

請記住，家庭是各不相同的，文化上對某個排行位置子女的期許會造成不同，性別的差異也會造成不同。如果在一個重男輕女或重女輕男的家庭中，青少年可能就順從家人所期望的接受自己的角色，但也可能反抗這種待遇。此外，年齡的差別也會影響孩子對自己地位的看法。由於每四至六歲形成另一種生活型態，因此，把差五歲當做一個指標，來斷定孩子們之間是不是有互相競爭的情況，是一個相當準確的方法。如果差五歲以下，年齡越近的競爭越大；若是兩個孩子差五歲以上，心理上就像兩個獨生的一樣了。

然而，心理位置並不一定就是這個孩子的實際排行位置，因為實際上有時會發生位置調換的情形。比方說，頭生的孩子受不了別人對老大的期許和壓力，就排斥這種位置，而表現得不像老大；也有老么拒絕別人像對小孩子一樣的看待他，也會表現得毫不像老么的樣子。

在一個子女眾多的家庭中，可能形成各種不同的排行位置。比方說五個孩子中十八歲、十六歲和十五歲的三個，可能形成一組位置，而十歲和六歲的，則自然組成另一組位置。

至於混合的家庭，同一個位置可能不只有一個孩子。例如，父親可能有兩個孩子，分別是十四歲跟九歲，母親也有兩個孩子，十五歲跟十三歲，那麼這個家庭會有兩個老大，一個老二，跟一個老么。

混合家庭裡，排行位置的問題可能對父母成為一種挑戰，在本書第10章裡，我們會專門談到繼父繼母與孩子之間，以及和新家庭的相處方法。

總括來說，你的青少年孩子的個性相當可能受到他在家中排行的影響。可是，既然其他的變數也這麼多，那麼研究這些典型的家庭排行對一個人造成什麼個性上的影響，又有何用呢？這一點我們可以說，至少我們對它的影響以及其他的因素有一些基本的了解，才能幫我們從青少年的角度來了解他的觀點。在眾多令人不解的迷惑中，至少這也提供了一種幫助我們了解青少年的工具。

自我概念的形成

在青少年成熟的過程中，可能會採納新的觀念和信仰，建立新的價值觀，同時也改變自我概念。可是，整個青少年期中，他的自我概念的整體架構，大致是維持不變的。自我概念的改變，是因為「理想的我」和「真我」之間有一大截的差別：「理想的我」是青少年希望自己能達到的，比如說更聰明、更敏捷、更有才氣、更好看等等；而「真我」是青少年所相信實際上的自我，比方說：「我太軟弱了，我應該剛強才對。」

青少年期對某些人來說，可能是危機期，特別是對那些智慧很高的青少年。這些危機通常是集中在青少年的環境、社交關係、學校和在跟異性的交往上。性徵的發育和身體的外觀，影響青少年對自己的觀感。比方說，身體發育較早熟的少女，可能在跟同年但還未發育的「小」

朋友在一起時，覺得很不自在；發育較晚的男孩，跟他那些已發育的同學比起來，又覺得自己不如他們。總而言之，青少年期是孩子親身發現做「成人」到底是怎麼回事的時期。

生活型態與臨時目標之間的關係

生活型態包括決定一個人怎樣去過自己的生活的長程目標在內，這些目標是根據早年時期他自己所做的決定而來的。其中歸屬感——也就是「希望被接受」是人類共通的目標，如果以有用的行為就能達到這個目標，就沒有必要做出負面的行為；可是，當青少年覺得自己做不到什麼正面的行為來被人接受時，他就會採用負面行為。第1章中提到的七種不良行為的目標：引起注意、追求權力、報復、表現能力不足、找刺激、尋求同儕接納以及表現優越感等，都有可能在這「追求歸屬感」的長程目標中，軋上一角，表現出來。

青少年覺得自己的長程目標很難達到的時候，可能決定採用不良行為來達到。例如：瓊如的長程目標是要掌權，可是她覺得在家裡、在學校，怎麼努力她都達不到這個目標，於是在家人、同學之間，她會採取不良行為，來駕馭他們。比方說，她會設法引起注意，當爭不到權力的時候，就用報復的方法；也可能表現能力不足，來讓人家暫時放過她。她也會「玩火」——利用製造危險，比方說以性行為、偷竊等所造成的刺激，來使自己覺得很有權威感；她也會追求精通如何在考試作弊、如何取得酒來給大家喝等不良行為，來讓同伴接納她。

採取這種不良行為來尋求被接納的青少年，多半是出於一種很深的挫折感。而追求正面行為的青少年，基本上是有安全感的——他們至少覺得自己的長程目標還是可達到的。

生活型態與生活上的挑戰

青少年漸漸走入「成人」世界，所遇到的挑戰如：性，愛情，學業，工作，家庭以及朋友等，都可能會影響他一生的發展。

性與愛情

青少年需要愛別人，也需要被愛。可是很多青少年不敢向父母或兄弟姊妹表達內心的愛意，覺得很不自在。所以，在家庭中營造一種自然又安全的氣氛，使家人能自在的表達愛意，也能自在的經驗到家人對他的關愛，是再重要不過的了。這種氣氛，是從青少年觀察到父母的和樂和互愛，從接受父母的關愛並回敬以愛，輾轉演化而產生的。

青少年期也是把對父母的愛轉向對異性，或對好朋友的時期。對父母來說，這是很難接受的事實，他們覺得好像子女在排拒他們；但是，對青少年來說，這也是一段困難的時期，他們會覺得跟家人怎麼有隔閡了，也不知道怎樣對家人表達關愛。而且，在新認識的朋友之間，他也覺得很沒把握——很怕人家會拒絕他，或排斥他。

青少年學習什麼是愛情、什麼是性，與異性約會是方法的一種。約會有益於他的個性和生活型態的發展，幫助他了解對方的喜好與憎惡，也增進他對自己的好惡進一步的了解。約會的早期，對方的外貌和許多表面的特質，對他來說都很重要；可是，他更長大成熟的時候，就會觀察這些外表底下的特質，進而對對方有比較完整的了解。他會注意對方的價值觀和自己的是不是相似，因為他對自己的價值觀也剛有了新的了解。換句話說，約會能幫助青少年對自己和對他人的了解。

至於約會關係中，青少年投入了多少的情感，在性關係中涉入到什麼程度，都是父母、青少年本身，以及青少年的同儕朋友之間一致關心的題目。不用說，情感和性關係的親密度，是父母和青少年都很在乎的問題，只是，到底誰能告訴你該怎麼跟青少年談論「性」的問題呢？這方面是沒有什麼專家可以請教的。我們的希望是，孩子還小的時候，你就已經慢慢地跟他談到這個主題，並且在他成長的過程中，也繼續加深他對這個題目的了解層次。青少年大都尊敬那些對他們誠懇，把他們當成人看待的大人，也較願意接受這種人的價值觀。說教式、訓話式的教導，效果是很小的，反而還會把感情、性關係，弄得好像更有吸引力。父母把自己所相信的價值觀，用尊重的態度，很清楚、很堅定的說出來，並且幫助青少年思考這些價值觀，確是很有效果的。

學校

在生活型態的發展之中，學校也是一個重大的影響因素。在學校裡，青少年能學會怎麼定目標，怎麼把目標付諸實現，他們也學習自立、負責。雖然青少年常常抱怨學校的事，很多人還是喜歡跟學校的同學在一起，喜歡課外活動，也喜歡上有趣的課。

自我概念與學業成績之間的關係，可以從調查研究中看出來，是密不可分的，彼此互相加強。從注重教育的家庭中出生的青少年，比較有志於向學，對自己的期許也比較高；除非是他正在和自家的標準作對，那又另當別論。

父母在子女的學校教育上，該扮演怎樣的角色呢？我們都認為學業是青少年自己的事，父母也許出錢給他買教材，給他教育機會，關心他，可是最好不要督導其學校的功課，不要偷窺他在學校的生活，也不要根據他學業成績的好壞，來鼓勵或處罰他。因為這些作為，都會有不良的後果：這種作法讓他們學習到，不是要怎樣為自己負責任，而是要怎樣討好父母。

工作

工作在成人生活中是極重要的一環，青少年期可能是探索成人工作世界的好時機，父母可以介紹他們接觸各類工作的機會。一個人選擇什麼工作，直接影響他的生活型態，所以讓青少年有機會了解自己的興趣，了解自己的價值觀，是很重要的。把自己的興趣、才能和機會發掘出來，可能是導向一生事業成功的先機。在家裡貢獻一己的能力，幫忙家中的工作，正是培養他負責任的好機會，對他將來事業表現很有幫助。

家庭

青少年期的孩子，在情感上漸漸地脫離原本依附的父母和大人，自己學著要獨立起來。這時候的青少年，很希望別人都能以尊重和平等的態度來對待他。別人如果肯接受他們的想法，肯和他嚴肅地談論問題，他就會覺得這個人才是他所尊重的。所以，如果你的女兒或你的兒子要求別人的尊敬，或要求自己負起責任，你應該慶幸，因為你的孩子在成熟了。

青少年期的孩子，對同儕的接納越來越看重，有時甚至因此得罪父母也在所不惜。這種從依附父母到接近同儕的現象，是成長過程中很正常的現象。

青少年也想掌握自己的行動——我們成人不也是一樣嗎？家中大小事如：向父母借車、分擔家事、週末的休閒計畫等，總有意見不一的時候，可是何必讓這種意見上的差別導致彼此的失和，甚至溝通中斷，那多划不來。

青少年優良性格的培養

我們在這一章中所談到的一些主題，都顯示出父母能導致孩子發展出一些不良的特質。我們既然不願意這種情形發生，在本章結尾之際，我們再把幾個要點歸納如下，幫助你對孩子有正確的影響，讓你協助他發展優良的特質：

1 以互敬的態度相處，以平等的權利相對待。一旦你們之間培養出互相的尊重，你和青少年之間就會互相信任，也比較不會想要抹消對方的權利。

2 集中注意在他的優點上，注意他的努力、他的貢獻和任何合作的舉動，少提他的錯誤。

3 以他原本的樣子來接納他，不要以你的預期來論斷他。接納會使他有自信心，願意達成目標。

4 讓他負起一些責任，也期許他有負責的舉動，這樣你就能訓練他負責的能力。

5 讓你的青少年學習「生活中自然而合理的後果」，不要用你自己的獎勵和懲罰來干擾，也不要把你們之間的關係建立在獎勵和懲罰上。

6 父母要有勇氣承認自己的不完美。要認識自己的缺點，不要對自己有不合實際的要求；同樣的，也鼓勵青少年有勇氣接受他自己的不完美，並坦然面對自己。父母若以身作則，比訓話有效得多——身教勝於言教也。

7 對他要有切合實際的期許和標準，更重要的是，你自己要言行一致：自己要先做得到，才能要求他做到。

8 青少年有話要說，你應該仔細傾聽，並盡量試著去了解他的感受。

9 認真看待你的青少年，他看重的事，你也該表示真正的關心。比方說：他的穿著、社會關係、運動表現、藝術和音樂興趣、學校活動、書籍或電影等等。

10 你的青少年在個性上若發展得順利、進步，都應該對他表示你已經注意到了，也很為他高興，他就會知道你在鼓勵他、稱讚他。

復習與發想

問答題

1 把青少年當做即將成長的大人來對待，有什麼重要呢？

2 知道孩子不良行為的目標，為什麼能幫助父母了解孩子的不良行為呢？

3 生活型態是什麼？它對人的一般行為和不良行為，都有些什麼影響？

4 影響生活型態的要素是什麼？

5 家庭氣氛指什麼？它和價值觀怎樣影響一個人的生活型態？

6 你和你的青少年孩子若是在價值觀上有差異，你要用什麼方法來處置呢？

7 家庭排行位置指什麼？了解排行位置，對你和青少年孩子之間的關係有何幫助？

8 長程目標若是無法以有用的行為來達成，青少年可能就會從七種臨時目標中選一種來使用，舉例解釋這是什麼意思？

9「學業是青少年自己的責任，不是父母的責任」——這是什麼意思？你對這句話有什麼樣感受？

本週活動

1 參考表2-2，把孩子在家庭中的排行位置和特質，跟表中所舉的特質比較一下。每個孩子跟表中的典型，有什麼相同或相異之處？

2 你打算怎樣開始鼓勵孩子發展優良特質，請列出計畫。

【個人發展練習 2】家庭動力調查表

本章中我們一直在談「家庭氣氛」和「家庭排行位置」對青少年的生活型態有什麼影響。以下這個練習，是專門設計來幫助你發現，在你的家庭裡，有怎樣的影響模式；也幫助你找到怎樣鼓勵青少年培養良好的個性的方法。

先描述你和你配偶的個性特質（如果你已離婚，則描述你前任配偶的個性特質；如果你已再婚，則描述你孩子的生父或生母的特質），良好特質和不良特質都要列出來。

□我的配偶	□我
______________________	______________________
______________________	______________________
______________________	______________________

現在，把你孩子從最大到最小的，列出名字來，並用「形容詞」來描述每個孩子的個性特質。

□名字	□個性特質
_______________	____________________________________
_______________	____________________________________
_______________	____________________________________

現在，回答下列問題，復習第 2 章裡學到的概念：

1 你和配偶的個性像不像？在什麼方面很像？（跟前面所提到的一樣，你的配偶是指孩子的親生父親或親生母親而言。）

2 你和配偶的個性有什麼不同之處？

3 孩子們的個性有什麼相同之處？（如果只有一個孩子，或兩個孩子差距五歲以上，孩子心理上是屬於獨生子女，請略過 3~7 題，直接看第 8 題。）

4 孩子們的個性有什麼相異之處？

5 從觀察以上你自己、配偶和孩子們個性上的相同點，你能看出你們家庭的價值觀（也就是認為最重要的事）是什麼嗎？

6 孩子們的個性差異之處，表示這是他們之間競爭的地方。你如何不知不覺地加強了他們的競爭呢？

7 你要用什麼方法來認知「每個孩子都是獨特的個體」？請把你想要盡力去達成的一件事寫下來。

8 從孩子跟你和配偶之間的關係上，你覺得孩子的個性比較像你，還是像你的配偶？（有一個以上的孩子者，以下各題不用答。）

9 孩子跟父親的個性有何不同？跟母親的有何不同？

10 觀察孩子跟他的朋友，他什麼方面像他的朋友？什麼方面不像？

11 你是怎樣不知不覺地加強孩子、你自己、你配偶三者之間的競爭的？

要點提示

1 個性是每個人對這個世界的觀感，與根據自己的觀感所做的整理。

2 生活型態就是一個人個性的綜合外顯表現。

3 生活型態是一個「藍圖」或生活的計畫，是一個人早年時期就形成的。

4 生活型態包含一個人對自己、對別人、對這個世界的信念，以及根據這些信念所訂出來的長程計畫。

5 生活型態包含著一個人的優點，也包含著他的缺點。

6 以下幾種因素能影響生活型態：

- 遺傳
- 家庭氣氛和家庭價值觀
- 效法的榜樣
- 教養的方法
- 家庭排行位置

7 青少年自行決定到底要不要接受他的家庭價值觀。

8 價值觀的差異，最好的解決方法是公開的討論，也就是父母要溝通自己的價值觀，並傾聽青少年的觀點和感受。

9 家庭排行位置是指每一個孩子在心理上覺得自己在家中的地位。排行位置並不會導致某種個性，只是形成一種影響個性的因素。

10 手足之間互相爭奪在家裡的地位，將會影響到他的個性發展。

11 青少年可能藉著下列七種暫時目標，來達成他的遠程目標：引起注意、追求權力、報復、表現能力不足、找刺激、尋求同儕接納和表現優越感等。

12 青少年長大成人的過程中，在性與愛情、學業、工作、家庭和同儕接納等各方面，都面臨到挑戰。

13 父母可以依據以下的幾點，來鼓勵青少年培養出良好的個性特質：

- 以尊重相待。
- 注重優點。
- 接受他原本的面貌，不要對他有過高或過低的期許。
- 給他負責任的機會，也預期他一定會負責到底。
- 讓他學習合理的後果，不要替他承擔結果。
- 有勇氣接受自己的不完美，並透過溝通讓子女明白你的不完美。

- 發展出合理的標準和合理的期許。
- 傾聽他要說的。
- 對他所注重的事不要小看，要關心。
- 對他的進步和成長，表達出你的欣慰和讚揚。

改善親子關係的計畫（第二週）

●我特別關切的事：

●我通常的反應：

☐談論，訓話　☐處罰，羞辱

☐抱怨，數落　☐放棄不理，因為太灰心

☐生氣，怒吼　☐運用權力取消特別待遇

☐嘲諷，挖苦　☐其他：

●我本週的進步情形：

	改進	退步	未變		改進	退步	未變
我了解他行為的目的	☐	☐	☐	從衝突情境中退出	☐	☐	☐
基於互敬的原則，發展我們之間的平等關係	☐	☐	☐	表達對他的疼愛和正面的感受	☐	☐	☐
給予鼓勵	☐	☐	☐	安排民主的家庭會議	☐	☐	☐
更有效地表達訴諸情感的回應	☐	☐	☐	適度地修正對孩子的訓練方法	☐	☐	☐
嘉許他的良好行為，也讓他學習負起責任	☐	☐	☐	給他選擇的機會，以避免訓練發生困難	☐	☐	☐
傾聽他說的話	☐	☐	☐	行動堅定，態度溫和	☐	☐	☐
不抱怨也不責怪的把自己內心的感受說出來	☐	☐	☐	不是我的問題，我不攬在身上	☐	☐	☐

●我學習到：

●我計畫改變我的行為，方法是：

1.

2.

3.

3

情緒：是激勵還是挫折的來源？

由於我們對令自己不高興的事情，有各種不合理性的信念，才會產生問題，所以這些問題都是自找的。這些不合理性的信念總括為四點：災難化，不能忍受，絕對化和不當批評。

「父母效能系統訓練」課程中有一個主要原則，那就是人人要自己選擇該怎麼做才好。父母和青少年一樣，都必須自己決定自己所要做的。現在你已經對「各種行為都是有目的的」有所了解了，知道我們都給自己設立了長程與短程的目標，以便在這世上佔有一席之地。可是情緒呢？那些喜、怒、哀、樂、恐懼、滿足等情感，好像是從外界降落，又好像是從我們內心深處升起，是如何影響著我們呢？我們要對自己的情緒負責嗎？我們真的能決定自己的情緒嗎？想知道答案，請先看下列四點說明：

1 躺下，或坐下，盡量使自己輕鬆舒適。

2 閉上眼，回想過去某個愉快的場景，使自己重新進入這個愉快的場景中；把注意力集中在場景中你和大家的模樣，注意其中人所說的話、臉上的表情等。同時也請覺察你一面回憶的時候，內在產生了什麼樣的情緒──停留在回憶裡片刻時間，好讓你自己仔細經驗一下自己的情緒。

3 過了一兩分鐘以後，仍然閉著眼，把回憶轉到過去一個很不愉快的情境上。跟前面的回憶一樣，把注意力集中在那個情境中，注意其中人所說的話、臉上的表情、身體的動作等。你這回有什麼感覺？停留在這個不愉快的回憶中片刻的時間，然後察看這個回憶挑起了你什麼樣的情緒？

4 過了一兩分鐘以後，仍然閉著眼，再把回憶帶回先前的那個愉快的場景中，停留片刻，察看自己的感覺，最後再回到現實中。

你觀察到人可以怎樣控制自己的情緒了嗎？把想像從一個情境轉到另一個情境中，你有沒有感到困難？有的人很難從愉快的情境中轉到不愉快的情境中，有的人覺得很難從不愉快的情境中撤離，也有的人覺得在不同的情境間轉換是不太容易的事。你所經驗的跟你的生命觀有關係。

經過這個練習，你應該可以看出來，人確實可以製造自己的情緒：只要告訴自己這個經驗是何種經驗，就會帶出那種情緒來了。如果你跟自己說：這個經驗好愉快呀！你的愉快情緒就跑出來了。在第二個情境中，你跟自己說：這個經驗真是令人不愉快呀！不愉快的情緒也就油然而生了。你所相信的，會決定你怎麼感覺。在本章末，我們將檢視「到底我們是怎樣把自己帶到不愉快的情緒中去的？」現在，我們要先探討情緒，因為情緒影響著你和孩子的關係。

為自己的情緒負責

人，不論年齡大小，都會想辦法逃避自己行為跟情緒的責任。我們都曾說過：「那件事讓我覺得……」不管那件事是什麼事，這樣的說法都是把自己當做是被動者，好像自己掌握不了的樣子；事情發生了，我就只能反應而已。同樣的，我們也說過：「我一時失去理智……」理智是可以帶來帶去的有形之物嗎？著名的阿德勒學派心理學家杜萊克斯曾指出：我們說「失去理智」，其實是我們「把理智丟出去」了。這句話再真切不過了！

當你發現自己用這種被動的語氣說話的時候，就要負起責任。舉例來說：你可以把「這件事簡直把我氣壞了！」改成：「我決定要生氣了！」或是「是我自己選擇要生氣的！」如果你聽到你的青少年孩子說這種被動的話，不要接受。你可以說：「你說亞倫讓你覺得難過，意思就是你給他操縱你的喜怒的權力，你真的願意這樣嗎？」青少年需要了解的就是：每個人都要為自己的情緒負責。

情緒，就像行為一樣，也是有目的的。一般說來，人根據自己的信念和目標行動的時候，情緒能供給所需的能量。比方說，如果我們相信某個人可靠又和藹，我們就會從內在製造出一些正面的情緒，供給我們「燃料」，激勵我們去親近這個人；反之，如果我們相信某個人自私又不可靠，就會從內在產生負面的情緒，想辦法去遠離這個人。面對後者時，我們製造產生的情緒，可能是氣憤、冷淡或敵意，只為了跟這個人保持「安全」距離。

我們也用情緒來為生命增添意義。如果世上沒有愛心關懷與溫暖，那豈不是一個悲慘的地方嗎？可是，負面的情緒又怎麼樣呢？比較輕微的負面情緒，如挫折感或著急、擔憂，可能鞭策我們採取行動，進而幫助我們消除不滿和不適的情況；若是較強烈、深刻的情緒，如憤怒、罪惡感、傷痛、自憐和高度的焦躁感，卻有反面作用。這些情緒，確實能阻礙個人成長，傷害他人，危害關係。比方說，你女兒佔用電話太久，你氣得發火了，她也怒氣相向，跟你頂嘴；你們雙方都是利用「怒氣」來操控和處罰對方，這情緒因此阻礙了你們的合作，戕害了你們之間的關係。我們認為，用其他方法來取代「怒氣」，對你和孩子都是比較有利的。

避免落入情緒陷阱

青少年受挫氣餒的時候，會用情緒來讓父母就範。拿「哭」來說吧！眼淚的威力很大呢！當然，這裡的眼淚，不是指悲傷、痛苦的眼淚，而是想要操控別人所流的淚。情緒當然不全是都有目的在後的陷阱，可是哭常常帶來「水力」，而且是兒童、青少年、甚至於成人都常用的武器，使他們獲得操控權。青少年放聲大哭，可能要父母讓步、退開或者是要父母加入戰場；父母如果這樣反應，就中了他的圈套，就是把自己的權力拋開，任他擺佈了。如果是受挫或傷心的哭，可能是要父母同情，要父母感到罪惡感或灰心。

情緒的陷阱可能有各種型態，不過我們這裡要談的，是針對跟不良行為的七種目標有關的情況。比方說：青少年可能哭泣、繃著臉來引人注意，可能又哭又鬧來奪取權力，可能一邊哭、一邊攻擊來報復，可能以哭泣、悶悶不樂來表達能力不足，可能用哭來挑起刺激感，也可能用哭來讓同伴接納他，或者用哭來證明他才是對的（來得到優越感）。要避免這個情感陷阱，最有效的方法是：讓青少年為自己的情緒負責，父母要學習不要以慣用的方法來回應他。當然有的時候，父母也該傾聽、了解，幫助青少年解決一些困難的問題。請記得，孩子並不總是都在利用情緒做陷阱（在第5、6章裡，會教我們怎樣處理這種情況），可是，就算父母與青少年共同合作，解決青少年傷心、焦慮或生氣的情感，這些情緒都還是屬於青少年自己的責任，並不是你的。

在鼓勵孩子為自己的情感負責的時候，父母也需要當心自己的行為。總要兩個人才吵得起來，你的青少年孩子要讓你生氣或煩躁的時候，你也有可能引起他某些情緒。你對他的情緒有正面也有負面的影響，雖然你們最後總要各自為自己的情緒負責，你也要注意自己的影響力。

青少年典型的負面情緒

請參考表3-1來找出每一種情緒背後的目的，還有你該用什麼方法來避免情緒的陷阱。在稍後的幾章中，我們也會提出對付那些有正當理由的情緒應該用的方法，不過這裡舉的都是志在操縱、得逞的情緒。

表 3-1 負面情緒的目的

情緒	可能目的	父母重新引導青少年負面情緒的步驟
發怒	要贏，要掌權，要報復	拒絕被他威嚇，不要跟他爭，也不要讓步；跟他說問題等大家冷靜下來以後再談。如果你們親子間基本上關係良好，可以討論他的情緒，商量出一個雙方都能接受的解決方法。
冷漠	要顯示權力（什麼事都是你們替我決定，那我得過且過就好了）	決定的過程要邀請青少年孩子參與，表現出家裡對他的意見、看法和貢獻的尊重和需要。把一件平常是你負責的事，轉讓給他來負責；對青少年有興趣的事物，也表示你的興趣。
厭倦	可免除參與和與人打交道的麻煩	邀請青少年探索各種生活上有趣的事。如果他的行為表達出他真的什麼都不想做，就尊重他的決定，讓他自己去想通到底想做的是什麼。
憂傷和沮喪	要操控別人；要避免負責任；要人同情；要報復	對青少年表達你了解他的心情，邀請他和你討論解決問題的對策。如果他還是要繼續憂傷，尊重他的決定，讓他自己去想通，不要可憐他。避免負起他的責任，避免你的自責或內疚，避免想幫他打氣加油。如果情況持續，應請教專家的協助。
罪惡感	想操控別人；想展現善意；想懲罰自己；想得人憐憫	避免被他的罪惡感所感動，避免讓他逃避應盡的責任。對他表示你了解他的心情，尊重地問他要用什麼方法來補救已經犯的過錯。

情緒	可能目的	父母重新引導青少年負面情緒的步驟
恐懼和焦慮	要保護自己免受預期（被傷到自尊）的危險	對青少年表示你了解他的心情，邀請他和你一起尋求解決的辦法。向他表示你對他能處理這個情況很有信心。
壓力	要讓自己相信「這件事我做不到」 要逃避責任	幫你的青少年看出壓力是從何產生的。通常是因為事情太雜亂、沒有組織好或者想做的事情太繁多，沒有自己的時間。幫他整理出事情的輕重緩急，教他學習如何放鬆和如何按部就班的辦事情。

怒氣

人在生氣時是很不容易對話的，因為他根本不想合作；他只想把精力用在怒氣上，好讓他得逞得到所要的。所以，除非你和青少年孩子的關係大都是正面而良好的，否則我們建議你，從這場競賽中退出。把要說的話留到以後，比較平靜的時候再說，否則徒增衝突，於事無補。

冷漠

用這種方法來對抗成人的青少年，都是很需要被鼓勵的。他們這種「我不在乎」的態度，表示的是說：事情又不是我能掌握的，在乎有什麼用！所以讓他們參與決定家中的事務，可以幫他建立控制感。

青少年可以自己決定要穿什麼衣服，在學校要參加什麼社團，以後想要學哪一行等；他可以參與家中大小事的決議，比方說家事的分配、外出郊遊、重要的採購、休假旅行等；父母可以要求青少年為家中分擔一些事，比方說買菜、大型家電購買之前讓他去調查比較一番，甚至談論政治時事的時候，也可以問問他的意見如何。貢獻感和參與感對每個青少年都是重要的，對於表現消極冷漠的青少年尤其重要。

厭倦

「好無聊哦！」「家裡都沒有什麼好玩的事！」「學校好枯燥乏味呀！」哪個做父母的沒聽子女說過這類的話？厭倦很常發生，不但是青少年、兒童，連成人也常覺得無事可做，無聊的很。我們相信，當青少年在探索生命的趣味的時候，父母就是他們觀察的第一個對象。青少年和父母一樣，有責任讓自己生活得充實而有趣。如果有厭倦感的情況，你可以簡單地說：「有趣的事可多著呢！你自己想一想吧！一定可以找到什麼好玩的事做。」

憂傷與沮喪

事情進行得不順利、不稱心，我們自己常選擇憂傷或沮喪的情緒。雖然我們明知心情沮喪於事無補，可是至少可以給我們一段「暫停」緩衝的時間。沮喪可以說是把怒氣轉向內在化，杜萊克斯提到某些型態的沮喪就像是「靜態的脾氣爆發」。當父母不願隨青少年的憂傷或沮喪而改變心意的時候，青少年的沮喪失去效用，他就知道這一招是不管用的。

可是，我們要特別指出的是，持續的沮喪和暫時性的不同，我們就不能用上述的方法來對待。有些沮喪是因為身體上的疾病所引起的，使用某些藥品也會引起沮喪；深度的憂鬱症不論是怎麼引起的，都不會自然痊癒。青少年自殺率的增加令人驚懼，如果你的青少年孩子有嚴重的沮喪情況，父母應該要辨認得出來。心理學家姬芬（Mary Giffin）列舉出八種徵狀，稱做沮喪警報表，要我們注意：

1 對學校的課業成績不重視，態度冷漠，不在乎，覺得一切無藥可救了。原本有興趣的方面（如運動、嗜好、社團等）突然都失去那股熱誠和樂趣。

2 一位親近的人最近過世了，特別是家人的去世。

3 行為急劇的改變，從高度活動力到脫離人群等。這可能包括青少年出去開車亂闖，或三番兩次的離家出走。

4 吃飯、睡覺的習慣明顯改變。例如睡覺時間長得過度、沒有胃口等。

5 家庭變故——如離婚，或家中其他的重大變故——像有家人生了重病、搬家、父母一方或雙方都失業等。

6 青少年在家中有受歧視的現象。青少年如果很明顯地表現出跟家人沒有溝通，被家人疏離排斥等，做為朋友、老師的都要特別注意。

7 缺乏一般的社會接觸。這可能包括青少年想要獨處的時間過長，也看得出來他跟家人和好友的疏離。

8 行為失控莽撞，做出不合宜或失控的舉動。也就是做出一般青少年在同樣情況中，不太可能做出的行為。

除了這些徵狀，姬芬也指出，青少年若把心愛的東西送人，可能在計畫自殺；如果他們一直在想著死亡的種種問題，也可能是一個徵兆。又例如，一個人不斷的聽著憂傷的音樂，或聽著同首憂傷的曲調，也告訴我們，他是在極度的沮喪中。

很多人都有一種錯誤的想法：只要跟這個人談談自殺的種種，他就不會想自殺了。其實這可不一定，很多已經自殺的人，先前都有跟人談過。

如果青少年極度沮喪，父母恐怕他有尋短的念頭，那要怎麼辦呢？當然，找專業人員協助是最好的方法。很多父母不願找心理諮商師幫忙，因為他們認為青少年這麼沮喪，都是因為做父母的錯；有的人因為怕別人知道了不知道會怎麼想，所以也不願請專家幫忙。這時候，你可要弄清楚重點：你的孩子需要幫忙！這是最緊急的事。專業的諮商師通常都會要求全家人參與諮商過程，因為此時的青少年正是需要家人支持的時刻，所以家人的參與對他是有益的。若是緊急情況發生，政府及醫療單位的「自殺防治中心」或「急診室」，甚或警察局、消防局的「緊急報案專線」，都可以尋求協助。

除了尋求專業輔導，姬芬還指出了下列的幾點，可以幫助沮喪的青少年：

- 把「自殺」這個題目拿出來談論。如果新聞中、鄰居、家人有自殺的事件發生，必須與青少年坦誠、公開的談論。
- 如果有「自殺未遂」的事件發生，不要以為這件事過去了，他很可能再度嘗試。
- 傾聽他說的話。
- 對他表示關愛，並給他鼓勵。
- 溝通管道要保持暢通。如果你和青少年不能順利溝通，就請會的人幫忙你；比方說，跟他很親近的手足，或是透過親人、朋友等跟他比較親近的成人，幫你做有效的溝通。
- 企圖自殺的青少年都覺得自己是沒有價值的人，他需要的是覺得自己被愛，覺得自己有用。找出方法來讓他覺得被愛、有價值（第4章有專文討論如何鼓勵青少年）。

罪惡感

罪惡感是有目的的。社會教導我們，做錯了事，就要有罪惡感，因為罪惡感會激勵我們想辦法改變情況。其實不然。罪惡感不但不會激勵我們改過，反而成為逃避責任的工具，好像是說：「對這件事情我覺得很抱歉，很難過。既然我已經這麼難過了，我就已經付出代價了。」因此，情願選擇繼續歉疚，而不改過。我們常常接受別人一聲很抱歉的「對不起，我錯了！」就放過他了，其實這是不夠的。如果青少年道了歉，父母還是應該以尊重的態度問他，以後要以什麼行動來避免同樣過錯再發生。過錯已然造成的時候，你自己可以率先做榜樣，用以下這個方法來改正。這是羅雷教授（Ray Lowe）所建議的：「我很抱歉，我做錯了——這件事，我願意用——方法來改正，從今以後我一定會做到——。」

恐懼和焦慮

恐懼或焦慮的青少年多半是缺乏自信心。雖然自信心不是一朝一夕能「長出來」的，可是父母的協助和鼓勵還是能幫他增進信心。有一個方法是：提醒他，以前在同樣情況中他曾經把事情解決得很好；也可以在每次感覺焦慮的時候，讓他想起過去很有信心的時刻。讓他有機會談談如果失敗了，可能會有什麼後果，舉出實例來探討失敗所會導致的最壞情況，可能就會使他眼光看遠一點，幫助他減輕一些焦慮。父母也可以舉出一些變通的辦法，讓他另有別途可達到成功。

壓力

壓力和情緒一樣，並不是由外在引起的。很多人過著忙碌的日子，也不覺得有壓力，這是因為壓力是來自我們對某個情況產生的反應。如果我們告訴自己：「事情太多，我受不了！」我們的身體就會找出方法證明給我們看——也許是胃痛、頭痛、高血壓或神經抽搐等。壓力牽涉到的是憤怒與焦慮的情緒，如果父母與青少年學會掌握自己的情緒，就能避免壓力的危害。協助青少年孩子眼光放得遠些，把事情的輕重緩急分清楚，是很重要的，更要緊的是：要學會放鬆心情。

你所相信的會影響你的情緒

負面的情緒，不論是你自己的，還是青少年孩子的，都是很難對付的。在第1章裡，我們學到不要去加強青少年的不良行為目標——也就是要人注意、要權力、報復或表現能力不足等目標，你得改變自己回應的方法，不要顯得不耐煩、生氣、難過或灰心。因為青少年希望你這樣回應，你標準的反應態度正好符合他的心意，幫他達成了錯誤的目標，這樣只會增強他的不良行為罷了。

艾里斯與哈潑（Albert Ellis & Robert A. Harper）提出了一個很清晰的解釋，說明人是怎樣把自己帶入負面情緒裡去的。他們用ＡＢＣ來說明這個過程：Ａ是發生的事件，Ｂ是我們對這Ａ事件的看法，Ｃ是由於我們對這Ａ事件有Ｂ看法，而產生的情緒結果。

很多人都以為是Ａ引起Ｂ；也就是某件事引起某個情緒反應。例如：假設你的青少年孩子告訴你說，你的想法太差勁，他再也聽不下去了，他在頂撞你，你於是覺得很挫敗，很難過。其實那個事件（被頂撞）真的造成你的情緒結果（挫敗、難過）嗎？我們都知道，情緒是我們自己製造的，所以我們不能遽下結論說：「我很難過，因為我兒子（或女兒）頂撞我。」請記得，他不能使得你難過。你得想想Ｂ——你的看法，也就是你對Ａ事件的看法，到底是什麼。你被頂撞的時候，很可能是你對自己說：「真可怕！我居然被孩子排斥，我受不了！他應該敬愛我才對！我孩子既然不愛我，那我還有什麼價值可言呢？」

如果你這樣想，就會為自己難過，也覺得挫敗。這種感覺會阻礙你跟子女的關係，也使你處於被動，甚至易受孩子擺佈的地位。因為他會知道，每一次他頂撞、排斥你，你就會難過，然後就讓步；就算你跟他爭執，他還是贏了：因為他要讓你生氣的目的也達到了。

假如你兒子頂撞你的時候，你換一種感覺，告訴自己說：「被頂撞是很不好受的，也很遺憾，但不是可怕的事。雖然我很不高興，但這不是受不了的事。我希望被兒子所愛，但無論如何，我還是一個有價值的人，不會因為兒子排拒我，就變成沒價值。何況，我明白他是因為失望挫折，才會說出那種傷人的話，我可不願意傷心難過，來成全他的目的，所以我還是要對他保持堅定而慈愛。」

這樣一來，你心中雖然還是不免有失望、挫折感，可是不再自憐、傷心難過，反而有機會體驗到兒子那種失望受挫的感覺，讓你重新考慮要怎樣回應才好。用這種信念做反應的依據，你就不會處於受擺佈的地位了。

艾里斯解釋道：「是我們對不高興的事情，有各種不合理性的信念，才會產生問題，所以這些問題都是自找的。我們把自己喜歡的當做是必要的，我們非常希望某件事情成功，即使沒有成功，卻仍相信這件事應該成功才對，所以難過不滿就由此而生了。」艾里斯把這些不合理性的信念總括為四點：災難化，不能忍受，絕對化和不當批評。

就拿這件被兒子頂撞、排拒的事件當例子，反應如下：

- 災難化：被兒女頂撞、排拒，真不得了，真可怕！
- 不能忍受：我受不了被排拒！
- 絕對化：我應該是被敬愛的才對呀！

●不當批評：被兒子排拒，我覺得自己真失敗，真沒價值！

不合理性的信念

(1)災難化：根據我們不合理性的信念來看事情，其實只讓自己更不愉快，跟別人也更不易相處。每次事情不如意的時候，我們就想：「這事情應該不是這樣，應該是那樣才對呀！」存著這樣的想法，我們會把每件不如意的事都看成災難，其實應該只把這些事當做讓人失望、遺憾、不方便的事件就好了。

(2)不能忍受：如果我們心裡相信自己面對的是一件災難大事，自然就會跟自己說：「這件事我受不了。」這樣其實等於宣告說：「我軟弱無助，沒辦法處理自己的失望感。」

(3)絕對化：我們的心裡只要想著：「一定」「絕對」「永遠」「必須」「應該」「非……不可」等絕對性的字眼，就是把心中「希望的」轉化成「必要的」了。如果相信事情一定要照我們所願的發生，我們對生命的期望就不合理性了。我們怎能命令現實呢？現實是不會向我們的期望靠攏過來的。

(4)不當批評：跟青少年孩子的關係，把我們搞得緊張過度的時候，我們很容易流入不當批評的心態中去。「我兒子不敬愛我，我真沒用。」有時候我們也批評對方：「他真是不受教，不成器。」這都不是就事論事的方法。失望就失望，並不是災難，我們要認清它，不要把自己或對方看成無用或很壞；我們要學會衡量人的行為，而不是論斷這個人。

在父母與青少年之間的關係這一方面，不合理性的信念很多種。然而關於管教子女方面，一般也有很多不合理性的信念，請看下列各點，並審視自己是否有這些觀點：

- 我應該是人人稱讚的父母，才算是好父母。
- 對管教子女方面，我應該樣樣能幹才行。
- 事情一定要照我的意願進行才算順利。
- 外在情況使我們成為受害者，這絕對無法改變。
- 我自己孩子的行為，當然是我的責任，要是我的能力更好一點，孩子一定不會有這種行為發生的。

我們不要被這些不合理性的信念所害了，因為理性的信念才是我們想要的，而且很多人（接受過本課程訓練的就有很多）都具有理性的信念，它是早就存在，不是我們發明的。至於怎樣去發展這些正確的信念呢？首先，請審視你對發生的事件有什麼觀點，集中注意力改變你過去不合理的看法，然後承認這件事在你們的關係上是一件令人失望的事，如此而已！雖然有遺憾、不滿或不方便等問題，這畢竟不是一件災難，你確實是有辦法來處理這些問題。艾里斯把這種失望的事叫做「我真的很討厭，可是還受得了的事」。承認事情不一定會照我們的願望進行，然後接受它而求改變，才是正確的方法。

再拿前面的例子，用相反的方法來應對：

- 反災難化：被兒女排拒頂撞真的很挫折、很遺憾、很不方便，但不是什麼可怕的事。
- 反不能忍受：雖然發生了這種事我並不高興，但還不至於受不了。
- 反絕對化：我想要被孩子敬愛（把命令轉化為意願）。
- 反不當批評：雖然你不敬愛我，我還是一個有用、有價值的人。

除了利用以上這種反攻錯誤的方法，我們還可以用培養積極情緒（如同理心和決心）的方法來應對，也就是：把你的理解和要採取的行動陳述出來。如：「我知道你感到很失望、很挫敗，我要幫助你，我要對你保持堅定和慈愛。」

還有，把信念的字句由「應該」「一定」「絕對」等字眼，改成「如果……就很好」「我比較希望……」「我想要的是……」這樣我們表達的是自己的意願，而不是非要不可的要求。更重要的是：我們就能想得比較合理了。

你的情緒與青少年孩子不良行為的目標

表3-2列出對於不良行為的四種目標：引起注意、要權力、報復和表現能力不足，有哪些理性與非理性的回應方法。（至於找刺激、尋求同儕接納和表現優越感等三項，並沒有列出來，因為青少年多半是利用這三項來達到上述的四項基本目標。父母對這三項目標的反應，和對那四種基本目標的反應大致是相同的。）表中包括理性和非理性的信念，信念引起的目的，以及信念與目的導出的情緒後果與行為後果。請花些時間研讀這個附表，和表後的解釋。

表3-2 父母對青少年不良行為理性和非理性的反應

理性反應

青少年的目標	父母的信念	目的	情緒	行為表現
引起注意	我真希望你不要打擾我，可是你要的就是我的注意，因為你認為這是得到歸屬感的唯一方法。我要幫你改變這種偏差的看法，我要注意的是你的正面、有貢獻的行為，我不能去注意你這種負面行為，否則就變成鼓勵了。	要激勵青少年自立自強	決心	對他要人去注意的行為，故意不去注意；等他不經意做出「好」表現的時候，卻出其不意的稱讚他。

理性反應

追求權力	你這樣向我挑戰，真是很煩，但這沒什麼可怕，我可以應付得來。我也很想要操控你，但這對我們都不利。我還是一個盡責的父母，有用的人。我要停止和你爭鬥，但也不是讓步放棄；我要建立我們之間的互相尊重。很遺憾你以為權力才會讓你覺得重要，我要幫助你改變想法。	要贏得他的合作	決心，對青少年的處境感到遺憾	從衝突中退出，讓青少年自己從後果中學習；邀請他幫忙你做有建設性的工作，讓他覺得自己的權力被看重。
報復	雖然你這樣待我很不公平，但這並不表示我們之間的關係已經完了。我雖然不喜歡這情形，但還應付得了。你的行為雖然不對，我還是愛你，也願意跟你融洽相處。我知道你不是一個壞孩子，只是很受挫折，心中也一定很難受，我要幫助你改過，也要改善我們之間的關係。	要表示你對他的慈愛	遺憾，了解而同情，決心	避免落入傷心、想反擊的心態中，用了解和接納來建立互相信任的關係。
表現能力不足	要幫助你很不容易，我一直都沒有幫上忙。這件事很不幸，但是並非無法補救，我可以應付得來。我是個有能力的人，也決定要幫你的忙。你那麼受挫折，我知道很不容易鼓勵，但是我不放棄，也要盡力讓你看出自己有能力，可以應付困難。	要表現你對他的信心	信心，決心	避免批評、憐憫，稱讚他所成就的，安排讓他有成功的經驗。

非理性反應

青少年的目標	父母的信念	目的	情緒	行為表現
引起注意	你不應該一直打擾我！	停止對方的打擾	不耐煩	提醒，好言相勸
追求權力	你竟想要掌權，太不應該了！我才是操控的人，你應該聽話，否則我就不是好父母，做人也失敗！	要掌操控權，要擺平	怒氣	衝突爭鬥、或讓步放棄
報復	你竟敢打擊我，太可怕了！我一定很沒用，要不然你怎麼敢？欸！等等，我幹麼怪自己？我沒錯呀！你竟敢這樣打擊我！你太壞了，我非要整你不可！	讓自己有理由和兒女爭執，有理由要將他擺平	傷心，然後生氣	反擊回去
表現能力不足	多糟糕，我居然沒有能力幫忙你！我失敗了，我真受不了！好父母應該都有辦法才對，我真的很差勁！可是，其實錯不在我，你根本就教不起來呀！你真差勁，真糟糕！	讓自己有理由放棄不管	絕望	同意青少年的意見，認為他是無藥可救了

對「引起注意」的目標如何回應

假設你的女兒志在打擾你，非理性的信念是：她應該馬上停止打擾我！雖然你還不至於認為這個行為很嚴重，很受不了，但至少這個信念就告訴你：「我好煩哪！」要是你命令她，不要再打擾你，你就已經煩躁了。煩躁會激動你去命令她停止這個不良行為，可是，請看一下這個過程。你女兒為什麼要聽你的話，停止打擾你呢？你的回應——注意她——不正是她打擾你的目的嗎？

對於她「要求注意」的目標，較理性的信念是：我真希望她停止打擾我——但避免煩躁，也不要提醒她或好言哄她。如果你心想的是「希望」她會停，而不是「命令」她非停不可，你的行為即有了新目的，就是：幫助她自立。加上一點決心，你就能選擇新的回應方法，不再像用舊方法一樣，越注意她，越加強她的不良行為。

對「追求權力」的目標如何回應

青少年行為顯出他要權力的時候，我們通常覺得生氣，是因為以為他要挑戰我們的權威。要是我們選擇讓他知道誰才是老大，那麼這時候，我們的目的就是要取得控制權；如果我們決定讓步，又會氣憤自己輸了。拿前述的那四種非理性的反應來示範說明，青少年要權力的時候，父母有些什麼非理性的信念：

● 災難化：你想要掌握權力，你太過分了。

● 不能忍受：我簡直受不了。
● 絕對化：我才是掌握權力的人，你一定要聽我的才行。
● 不當批評：我這個做父母的真失敗，我真沒用。

如果改用理性的信念來對付權力之爭呢？父母將會得到青少年的合作！理性的思考不會把我們引入爭鬥或認輸的情形裡，我們要的不是掌權——爭出誰對誰錯，我們要的是決心。理性的想法會提醒我們，權力爭鬥只會帶給雙方不愉快，讓我們再看看理性的想法怎樣發生效用：

● 反災難化：你反抗我的時候，我很難過，但這不是什麼可怕的事……
● 反不能忍受：我是受得了的。
● 反絕對化：我的確很想馬上把你制服、讓你聽話，可是那有什麼用？只會徒增我們雙方的挫折罷了。
● 反不當批評：我還是一個盡職的父母，是一個有用的人。
● 把你的理解和所要採取的行動陳述出來：我不再跟你來爭吵或讓步這一套，我要建立我們之間的相互尊重。很遺憾的你以為得到權力就會使你感到自己的重要性，我要幫助你改變這種想法。

對「報復」的目標如何回應

很多人不了解為什麼傷心難過其實都是自取的，難道別人都沒有責任嗎？我們的看法是：沒有，別人沒有責任。傷心就像其他情緒一樣，都是自己要負責的。其實，許多父母就是利用這種心情來反擊在尋求報復的青少年孩子。

傷心是出於一種非理性的想法，就是先批評自己，以為自己沒有用、無價值，才會被人拒絕。「我就是這麼沒用，你才會這樣打擊我。」然後，為了掩蓋這種傷心，就發怒起來，責怪青少年孩子「你怎麼敢這樣打擊我，你太不像話了！」可是，父母又為什麼要反擊回去呢？因為發怒雖然也很不愉快，很多人還是覺得責怪別人總比批評自己來得容易。以下的例子是父母的非理性信念如何影響他回應「報復的」子女：

- 災難化：你打擊我，你太可惡了！
- 不當批評：我一定是很差勁的父母，否則你也不會這樣。
- 災難化：欸！等一下！我幹麼責怪自己？我沒錯呀！你打擊了我，你才是可惡的呀！
- 不能忍受：我受不了了！
- 絕對化：你絕不能這樣對待我！

●批評對方：你太可惡！我非要整你不可！

對於他報復的舉動，你如果要脫離非理性的回應，就要明白，你可以不必接受他的打擊，他所以要報復，也是出於錯誤的概念。一旦了解這一點，我們就不用傷心責怪，而可以應用決心，一步一步來協助他。對報復舉動，理性的回應如下：

●反災難化：你雖然對我不公平，我可不認為我們之間的關係是不可收拾的。
●反不能忍受：我受得了。
●反絕對化：我不喜歡……
●反不當批評：我還是個稱職的人。
●反災難化：你的舉動令人失望，令人遺憾……
●反不當批評：我還是愛你，還是希望我們可以好好相處。你所以攻擊是出於挫折感，你並不可惡。
●把你的理解和所要採取的行動陳述出來：你很不快樂，對這件事，你心裡一定很不是滋味。我要幫助你，也要使我們的關係改善。

對「表現能力不足」的目標如何回應

青少年如果表現能力不足，而父母對這點有非理性的看法，就很容易灰心氣餒。灰心使得做父母的覺得放棄得有理由，父母覺得自己幫不上忙，就覺得自己也能力不足。可是，為了掩蓋這一點，他只好想成是孩子本身能力不足，自己也無能為力了。請看以下這個非理性想法的要素：

- 災難化：真糟糕！我幫不了你的忙。
- 不能忍受：失敗了，真受不了。
- 絕對化：好的父母都應該能幫助子女才對。
- 不當批評：我是一個不夠格的父母。
- 不當批評：其實你才是無可救藥，誰也幫不上你的忙。
- 災難化：真糟透了！

如果父母能明白，雙方都不是什麼「能力不足」，就能採取步驟，慢慢建立彼此的信心，也比較能決定要怎樣幫忙青少年孩子。如表3-2所示，理性的處理法有以下幾個步驟：

●反災難化：你一直都不太容易接受幫忙，我到目前也都沒做到幫你改進這一點。這是一件不簡單的工作，但沒有什麼好怕的。
●反不能忍受：我可以接受這件事實。
●反不當批評：我還是一個稱職的父母、有用的人。
●反絕對化：我決定要幫助你成功。
●把你的理解和所要採取的行動陳述出來：我知道這件事很不容易，我也會想放棄算了，因為你那麼挫折、那麼不願嘗試，又想要勸我放棄，可是，我還是要盡力幫你……
●反不當批評：你也是有才能的，一定可以接受這項挑戰。

改變非理性反應的策略

以下所提供的是讓你對付「非理性反應」的策略，可以合併使用，再看對你最有效的有哪些。這些策略的目的都是要你避免那些無益的衝突，但真正發生緊急情況，或你的青少年真正需要你協助的時候，我們並不推薦以下這些方法。

(1)承認你的情緒，接納自己，並立志改過。如果你真的發怒了，就承認自己的怒氣，明白自己有時實在有敵意。可是不要跟自己過不去！自己揣度一下，這種情緒對改善你和青少年的關係到底有沒有好處。

做決定：你到底想不想改？如果想，那麼下列的策略可以幫助你，請至少要實驗一個星期以上。在一星期之後，確認自己進步了多少，再決定是否要繼續這一個策略，或者是再實驗其他策略。

(2)認出你的負面情緒到底有什麼目的。研讀本章或參考表3-2來幫你認定，對青少年孩子的不良行為，你那種負面的反應到底有什麼目的。

(3)小心你說話的語氣。說話的語氣清清楚楚地反映著你內心的態度，請專心用堅定而溫和的口氣來說話。一旦你練習這種堅定而溫和的方法，你的情緒和信念就會有改變，跟著你就能體會到應用這種方法的好處了。

(4)注意你的肢體語言。雖然不說話，你的臉部表情、肢體動作和姿勢，都會傳達你內心真正的態度，所以也請你練習在表情、動作、姿勢上，都傳達堅定而溫和的態度。可以在鏡子前自我練習。

(5)顧左右而言他。有時候，事情多談無益，倒不如先放下來暫時不去提它。可是有的父母卻沉默不住，更別提內心有著負面情緒在洶湧的時候了。如果你可以暫時離開屋子一下，可能是最好的；要不然，強迫自己做一件和青少年正在做的毫不相干的事——也許是欣賞一下美景，看個電視，做一件你本來計畫要做的活動——把你的心思從問題上移開一下。如果你實在心中有話，非要講出來不可，就請大聲說一些無關的話，好像給自己聽一樣就好。如：「欸！我看看，我該到店裡去買點什麼才好？」「明天該把棉被拿出去曬一曬了！」就這樣繼續下去。

(6)避免意氣用事，反其道而行。每次你意氣用事，就是應了青少年想要的，這種反應只會加強青少年的不良行為而已。如果你反其道而行，他就達不到目標。比方說你要跟兒子談論一件事，他卻輕率無禮，千萬不要上鉤！他要的是惹你生氣、注意他，所以你該做的是：沉默，退出，以顧左右而言他等前面我們提到過的幾個方法對付，不要如他所願的跟他衝突、爭執。其實，在他表現不良行為的時刻是溝通談話最差的時機，他故意要惹你跟他爭吵，你就要刻意避免。

(7)學習放鬆。如果你經歷到做父母的壓力，可以試用以下的方法來放鬆一下：

- 給自己獨處的時間──每個人都需要有一段獨處的時間。可以告訴家人，每天有某一段時刻你要獨處，不希望有人打擾，也鼓勵他們跟你一樣，有自己獨處的時間。
- 如果你覺得緊張，對自己說安定心理的話，比方說：「讓自己穩定下來吧！」「放鬆！」「別急！」「事情總會慢慢解決的……」對自己說話的時候，一面深呼吸。

(8)運用你的幽默感。心理學家歐康納（Walter O'Connell）說過：「生命太寶貴了，別老那麼嚴肅。」就算在失望挫敗之中，你能不能自嘲？能不能幽自己一默？把諷刺漫畫——挖苦自己的那一種，或是幽默的字句，如：「別爆發呀，火山！威力太大了！」剪下來貼在自己常會看到的地方，隨時提醒自己。在青少年孩子面前，嘲諷自己的缺點，承認自己的不完美，這樣既能潤滑彼此間的關係，也讓他覺得有犯錯的自由，不會太緊張。

(9) 積極改變你的非理性信念。如果以上的策略對你都沒有什麼效用，也許你就要專心積極地從改變你的非理性信念著手了。以下有兩個方法供你採用：

● 挑戰：做父母的，在教養孩子上犯了錯誤，總是對自己很失望，連那些最負責任的父母也不例外。有時候，這種失望會使他們不敢再放膽嘗試，不敢冒險。如果你對自己感到失望，試問你自己：到底你這感覺和非理性的信念，會帶給你什麼結果？避免冒險，你就可能失去成功的機會，這是不是你所要的呢？你要失望多久呢？你想不想成長？做一個決定，然後著手做一些計畫。

● 掌握自己：你覺得難過的時候，找尋心裡的那四種非理性的信念：你的「災難化」，你的「不能忍受」，你的「絕對化」，你的「不當批評」。跟你自己說：「停！」重複練習，一直到你的非理性信念都消失為止。然後用合理的信念來取代它，一直到對那件引發事件有合理的信念為止。

復習與發想

問答題

1 信念怎樣影響你的情緒？

2 你的青少年孩子如何誤用他們的負面情緒？你要怎麼應付呢？

3 父母如何看出青少年是否極度的沮喪，甚至考慮自殺呢？除了尋求專家的協助之外，父母還能用什麼方法來幫助他？

4 用A（引發事件）B（對這事件的信念）C（這種信念帶來什麼情緒上的結果）的模式，說明人是怎樣製造了自己的情緒。

5 什麼叫做非理性的信念？你的非理性信念怎樣介入你和青少年孩子的關係？

6 用四種非理性想法——災難化，不能忍受，絕對化，不當批評——為模式，舉例說明非理性信念是怎麼形成的。

7 把上一題中你所說明的，轉成理性化的想法，重新做一次。

8 父母要改變對子女錯誤行為的反應，有些什麼策略？

本週活動

把本章所解說的「改變非理性反應的策略」實際應用在自己身上，開始練習改變你平常對青少年不良行為的典型反應。

【個人發展練習 3】探討我的「應該」

1 列出你認為做父母「應該」的事項，以及青少年孩子「應該」的事項。（要找非理性信念的時候，請先看你所列的「應該」事項，因為這些都是非理性想法的根源。）

父母應該：

青少年應該：

2 列出非理性反應的四個要素。

3 每項你的「應該」被違反了的時候，你有什麼感覺？

4 自我評估一下各項情況，然後改變你的字句，把它們都轉為理性的信念。

5 專心注意這些新的理性信念，並列出你的新感受。

●實例演練

1 我認為做父母的，應該做個好榜樣。

2 災難化：真可怕，我做了一個壞榜樣！

不能忍受：做了壞榜樣，我可怎麼才好，真受不了！

絕對化：我應該做好榜樣才對！

不當批評：我不是個好父母，我沒做好榜樣。

3 我覺得失望挫敗。

4 做為父母，我很相信要做子女的好榜樣，可是沒有什麼客觀的理由說我非要不可呀！

反災難化：很遺憾我做了一個壞榜樣。

反不能忍受：可是我能處理。

反絕對化：我很相信要做子女的好榜樣，可是沒有什麼客觀的理由說我非要不可呀！

反不當批評：我這次搞砸了，可是我還是有救的，不是一個壞的父母。

把理解和所要採取的行動陳述如下：人都會犯錯，我也不例外。以後我會更盡力去做子女的好榜樣，可是以後就算還有失敗，也不是無可救藥。

5 我現在還是覺得挫敗和失望，但並不灰心。

要點提示

1 情緒的產生是有目的的，它提供給我們行動的能量。

2 對自己的情緒負起責任，同時鼓勵你的青少年孩子也一樣要對自己的情緒負責。

3 青少年典型的負面情緒有以下幾項：

- 怒氣
- 冷淡，漠不關心
- 乏味無聊，厭倦
- 憂傷和沮喪
- 罪惡感
- 恐懼和焦慮
- 壓力

4 你可以用以下的方法，來幫助青少年孩子處理負面的情緒：傾聽，鼓勵，邀他參與家中建設性的事務與責任。

5 為了疏導青少年孩子的不良行為，我們不但要改變反應的方法，連我們的感覺、心態都要改變。

6 情緒是我們自己製造出來的，它的產生都是因為我們對某些事情有某些信念而來的。

7 我們把「想要」的事轉化為「非要不可」，這就叫做把事情「災難化」了。

8 我們一旦覺得某件事非要怎樣不可，心中有這種要求，我們就陷入「非理性」的思考了。

9 下列所舉的是幾項父母對青少年孩子典型的「非理性的信念」：

- 要做個好父母，我就應該要得到所有人的稱讚才行。
- 在管教子女方面，我應該要樣樣好，才算是一個好父母。
- 事情應該按照我的意願來進行才算順利。
- 外在情況使我們成為受害者，這絕對是無法改變的。
- 我自己孩子的行為，當然是我的責任。要是我的能力更好一點，我的孩子一定不會有這種行為發生的。

10 你對青少年不良行為的反應，源於你如何認定不良行為；唯有改變你的信念，才能改變你的反應。

11 非理性的反應，可以用以下的這幾種策略來改正：

- 辨認你的不良情緒到底有什麼目的。
- 注意你說話的語氣。

- 注意你的肢體語言。
- 顧左右而言他。
- 避免衝動，反其道而行。
- 學會放鬆。
- 運用你的幽默感。
- 直截了當地改變自己非理性的信念。

改善親子關係的計畫（第三週）

●我特別關切的事：

●我通常的反應：

☐談論，訓話　☐處罰，羞辱

☐抱怨，數落　☐放棄不理，因為太灰心

☐生氣，怒吼　☐運用權力取消特別待遇

☐嘲諷，挖苦　☐其他：

●我本週的進步情形：

	改進	退步	未變		改進	退步	未變
我了解他行為的目的	☐	☐	☐	從衝突情境中退出	☐	☐	☐
基於互敬的原則，發展我們之間的平等關係	☐	☐	☐	表達對他的疼愛和正面的感受	☐	☐	☐
給予鼓勵	☐	☐	☐	安排民主的家庭會議	☐	☐	☐
更有效地表達訴諸情感的回應	☐	☐	☐	適度地修正對孩子的訓練方法	☐	☐	☐
嘉許他的良好行為，也讓他學習負起責任	☐	☐	☐	給他選擇的機會，以避免訓練發生困難	☐	☐	☐
傾聽他說的話	☐	☐	☐	行動堅定，態度溫和	☐	☐	☐
不抱怨也不責怪的把自己內心的感受說出來	☐	☐	☐	不是我的問題，我不攬在身上	☐	☐	☐

●我學習到：

●我計畫改變我的行為，方法是：

1.

2.

3.

4

鼓勵：建立青少年孩子的自信心

父母要鼓勵子女，有一些方法很簡單，只要一再貫徹地使用：表達你對他有信心，建立他的自重感，強調他的努力和改進，集中注意在他的長處和優點。

杰勝今年十六歲，是學校籃球隊的候補球員；他的成績單有四個丙，兩個丁。在球隊裡，在教室裡，他都覺得自己是一個失敗者。教練認為他打籃球已經失去那股衝勁，任課老師也都覺得他的學業沒什麼希望。杰勝的父母也一樣，開始覺得他真的沒救了，有什麼方法可以幫得了他呢？

我們的社會裡，不知有多少的杰勝——男生女生都有。他們確實有潛在的能力，可是對自己的表現卻覺得很失望。青少年若是對課業、對課外活動都失去了興趣，不要以為他們存心在混，其實，他們內心正感到挫敗呢！

有挫敗感的青少年相信自己沒有進步或成功的能力，他們缺乏自信心，對自己的價值感看得很低，也懷疑自己恐怕沒辦法應付外來的挑戰。這樣的青少年多多少少是自暴自棄的，更重要的一點是，他還證明給別人看：「你看，我就是不行嘛！」結果，這種失敗感也傳達給那些勸他要努力的人——父母、老師和朋友，要別人放棄對他有任何期許。

在這裡，你可能會說：「你在說的不就是我的孩子嗎？」如果是這樣，我們將提供許多建議，可以幫助你了解並協助孩子。但是第一步先要了解的是，什麼是挫敗感，一旦了解了，你就可以成為一個比較有效的鼓勵者。

什麼是挫敗感？

青少年不能正常的參與生活上的活動，大部分的原因都是挫敗感。挫敗感的發生，是由於青少年自認為能力不足，無法達到別人對他的期許。有些青少年覺得父母、老師、教練等權威人士都不看重他們，這種情形發生的時候，青少年就想要違抗這些權威人士設立的標準。他們想：既然成功不了，又何必努力呢？

而青少年對自己生命經驗所得的感受，影響著他的行為舉止。就拿杰勝來說吧！看見教練把別人排上場，自己只能候補坐冷板凳，心裡自然會想：「我沒有他們打得那麼好，再努力也比不上他們，何必呢？算了吧！」如果在家裡或在學校，他還要跟很厲害的兄姊弟妹或同學相比，很可能也就自己決定他是比不上人家的了。

有些遭受挫敗感打擊的青少年，他們會往自己比較有把握會得勝的方面，去追求別人的肯定。你到每一個高中去看看，總會找到有一些利用不良方法來獲得「重要感」的青少年——打架、喝酒、吸毒、參加幫派、破壞公物、爆粗口、慍怒不樂、上課搗亂、性行為泛濫，還有對老師同學都不理不睬的人。還有一些青少年，挫敗感可能導向失望和無效的努力：

芸如的音樂天分頗高，在以前就讀的學校裡，她是樂隊裡法國號組的組長。可是自從他們搬家

到這個地方，進了新學校以後，她被編到伸縮喇叭組，樂隊的老師期望她能領導這個小組，結果發現她表現得很退縮，程度也不夠好。芸如的父母發現女兒練習得越來越少，可是越跟她說她應該可以表現得更好，她就好像越不在乎，越不管什麼天分有沒有好好發揮這回事了。

父母應該認知的一點是，在我們這社會裡，「成績表現」都是指在學的孩子或青少年，他們得照父母的期許來表現。可是每個人都有長處也有弱點，雖然大多數的人都想發展長處，但是我們也都有不想跟別人競爭的時候，特別是知道自己不擅長的項目，自然都不想跟別人比。如果一個成人有大學的學位，卻跑去當店員，我們就覺得那是他個人的選擇，是他的自由；可是一旦青少年在某方面表現不如我們期許的，我們就將他歸類為「低成就者」。比方剛才所舉的例子中，如果芸如的父母再三地跟她說她的能力沒有表現出來，她只會更覺得挫敗，比不上別人。為什麼不用鼓勵的方法呢？如果專注於稱讚她對樂團的價值和貢獻，她不是比較容易接受，比較願意練習和合作嗎？

很多父母花好多時間，想要孩子表現得更好、更成功。我們都望子成龍，望女成鳳，但是用意雖然好，用的方法卻不一定對，有時候反而更激發他們的反抗，或徒增他們的挫敗感。威脅、利誘他去用功、做一個「有出息」的人，都是無效的方法。許多父母和青少年孩子的衝突都是由此引起的，因為各有道理，相爭不下。為了中斷這種父母與子女之間的權力之爭，父母必須要先看得出自己的專制和頑固。你可能和孩子一樣的都是固執己見，當然會相持不下，如果只有一方怎麼爭得起來？父母一旦看出自己其實也是造成權力爭鬥中的要角，才有辦法減輕青少年孩子的頑強抵抗，也才能從爭執中轉向鼓勵的方法。

父母是怎樣使子女感到挫敗的

最使青少年感到挫敗的，莫過於父母對名次和頭銜的看重了。在你家裡，你是不是把「高成績，好表現」當做重要的期許？你是否強調參加校隊、當主角、交「像樣」的朋友、當選模範生、就讀熱門的科系……？答案如果「是」，那麼你家的青少年孩子如果沒達到這種期許，你怎樣對待他呢？他又怎樣看待自己呢？

期望過高的父母，常常傳達給孩子的訊息是：你還要更好才行。看到一個成績單上有三個乙和三個甲，這種父母就會說，只要再加點油，就都是甲等了。這雖然都出於好意，但是結果卻不見得有效。這種父母把重點都放在追求「超越」上，結果影響孩子避免去選擇沒有把握表現優秀的課業或活動。

還有一種消極的期許，就是父母心裡相信孩子一定成功不了，這種期許雖然不一定表現在言語上，但是不論怎樣，青少年總會知道父母的這種態度。因此導致他懷疑自己的能力，有時候連嘗試都不敢，真的就跟他父母期待的一樣，失敗了。

你跟青少年孩子的關係看你要選擇怎樣的教養風格而定。你要做「威嚇他」的父母，還是要做「鼓勵他」的父母？如果你一定非贏不可，你跟他就會一直捲入權力鬥爭中，他也想贏過你；威嚇的父母只會造成反抗的子女。再看看這兩種不同的態度造成不同的結果，你就看得出你跟兒女會培養出什麼樣的關係來。威嚇的父母強調競爭，必求我先你後，爭掌權力；鼓勵的父母把重點放在共同合作，一起討論、一起做決定。鼓勵的父母相信「同甘共苦」才是最有效的關係基礎。

鼓勵的方法

鼓勵是把焦點集中在一個人的能力資源上，給予認定和嘉許，然後建立這個人的自重感。父母要鼓勵青少年孩子，就要認定並嘉許他任何的能力，並且完全肯定他的這項能力。

父母要鼓勵子女，有一些方法很簡單，只要一再貫徹地使用，幾乎可以保證產生嶄新的親子關係。在著手建立你和青少年孩子之間的關係時，請集中注意在積極的方面，積極的期許和鼓勵是手牽著手前進的。鼓勵的父母接受子女本身的能力，不做非分之想，不把消極期許、怕失敗的擔子加在子女身上，也不命令他們好還要更好。有一些鼓勵的方法包括：表達你對他有信心，建立他的自重感，強調他的努力和改進，集中注意在他的長處和優點。

表達你對他有信心

鼓勵的父母對青少年孩子是抱有信心的，而且是不需要他們證明就信任了。如果父母一天到晚監視著青少年孩子，查問他們到哪裡去、什麼時候去、什麼時候回來等，都是表示對他們的不信任。當然，這並不是說父母不可以設限制和規矩，因為青少年還是需要引導的；但是一旦限制和規矩都設好了，父母就要一直表達他們對子女守這些規矩的要求，也相信子女一定會遵守才對。如果父母發現子女並沒有遵照設定的規定，就應該再和子女重新談論這些規定（方法請見本書第7、8兩章）。

建立他的自重感

會鼓勵的父母不把青少年孩子拿來跟別人比較，即便是跟自家的兄弟姊妹，或跟朋友比，都是不對的。因為拿他跟別人比較，好像是打了他一記耳光一樣。為什麼要跟他說別人比他好呢？為什麼要跟他說：人家多麼用功、多麼勇敢、多麼活潑、多麼會幫忙父母……這種洩他氣的話呢？比較只會減低他努力的意願，傷害他的自尊罷了。會鼓勵的父母能認出自己青少年孩子的目標、努力和用心都是有價值的。

同樣的，會鼓勵的父母也接受人人都各有不同。青少年或許要過一種和父母不同方式的生活，或許有自己的想法和打算。比方說，敏夏想讀教育大學，她的父母認為學商比較有前途，不但待遇比較好，升遷的機會也比較多；所以，除非父母能尊重她的權力和意願，否則很可能就會有家庭衝突產生。

承認他的努力和進步

一件事情如果從頭到尾都完成了，比方說得到獎狀，贏了一場比賽，找到兼差工作等，都比較容易認出背後的努力和功勞，可是我們並不是天天都看得到這等成就。如果父母只有在事情完成的時候才給他鼓勵，那麼鼓勵的機會就大大減少了。有條理地嘉許他的努力，而不止限於他的成就，能幫助青少年看出一點一點的心血、一步一步的改進是一樣有價值的。

懂得鼓勵的父母會看出自己青少年的興趣在什麼地方，就利用機會鼓勵他。第一步是幫助青少年發展切合實際的目標：可能是某一科的成績要改善、加入某個團隊、演奏某種樂器、修好一輛車等——什麼有益的事都可以，只要是他自己想要達成的就行。照他自己的程度和進度來進行，不要壓迫他，這就是會鼓勵的人所該做的。

可是很多父母發現這點很難，因為只要你在言行舉止上（不論是公開或私下）稍微表示你想要他做得更好一點，你所說的就隱含著：「我的期待比這個高一點，你所做的還不夠。」這種挑剔保證會招致他的反抗或冷淡相對，就好像在傷口上加壓會越痛一樣，你越想壓迫他做得更好，就是越打擊他想努力的意願了。

把焦點集中在優點和長處上

我們的社會是很注意錯誤的社會，一有什麼過錯，全部的焦點就都集中在那裡。可是我們應避免嘮叨和指責，會鼓勵的父母應該著重青少年的長處和優點，不斷在自己青少年孩子身上搜索他的長處和優點，並表示嘉許。幫他找出各式各樣的專長和才能，幫助他發展成一個能負責任的成人：在家裡會幫忙家事，樂意參與家人的活動，與朋友和睦相處，對人慈善和藹，能關心別人等。

有時候，青少年的才能和專長並不是父母欣賞的那些，這時候，你就更要努力去發掘他的長處了。比方說：

十七歲的立德是一個很外向、很果敢的青年，父母倒希望他安靜、保守一點。可是他們不批評他，也知道他的外向果敢都是優點，只是在他與人相處融洽的時候，指出來嘉許他。由於父母這種正面的鼓勵，立德跟朋友、跟家人的態度，都變得越來越合作了。

甚至青少年的某種特點好像是缺點的時候，父母也可以積極地應用這樣的方法，把他的缺點轉變成優點。比方說：

十五歲的秉德是個個性頑強的少年，只想照自己的意思做，誰的話也不聽，跟他母親的關係頗為緊張。如果秉德的母親能把他這種頑強的個性換一個角度來看，就能發現這也是獨立自主的一面，只要導入正軌，也能成就正確的目標。因此，她應該先讓秉德看出自己優點——獨立自主，然後給他機會應用這種能力，比方說去找一個工作或參加競選學生會的職位。正由於母親態度的轉變，秉德的反抗減低了，改進家人關係的機會也因此增進了。

要做一個有效的鼓勵者，父母必須學會用積極的方法來對付不利的情況。

你有沒有把焦點放在青少年的缺點和短處上面過？如果有，問問自己，到底是為什麼？你是要跟他較量嗎？是不是想讓他知道有些情況中，你還是比他優越？會不會是你擔心他的失敗會反映你這做父母的督導不力？請提醒自己一下，我們都是有缺點的人，要從全面的角度來看青少年孩子的優缺點，不要把焦點集中在他的缺點上，反而應該多去看他的優點。如果反過來把焦點集中在他的優點上，你就能給他更多支持和鼓勵，讓他能面對生活的許多挑戰了。

這四種鼓勵青少年的方法，就是父母與青少年關係的基礎，是建立在平等與互相尊重的態度上的。這些方法都是一再使用過的，也都證明是有效、又能建立青少年的自尊心。學會應用這些方法的父母，能幫助青少年發現自己的意義與價值，培養自重感。

在學習「鼓勵」的過程中，別忘了你的幽默感。看見自己與家人關係可笑之處，或對自己不切實際的要求感到荒謬的時候，比方說：「什麼都要我決定才行！」——問自己：是誰讓你掌握所有決定權的？「我的孩子絕對不能給我惹麻煩！」——問自己：你真的認為你的青少年孩子永遠不會犯錯？諸如此類，你都要能嘲笑自己一下。我們都是會犯錯的人，誰是完美的？當你看見自己的錯誤是可笑的，就會明白對自己的子女有那些錯誤的期許和錯誤觀念，是多麼不恰當了。

讚美和鼓勵的差別

要增進你和青少年孩子的關係，你可能決定要先改變你們溝通的方法——改變為比較積極一點的。我們同意你這種決定，因為這樣會有收穫。可是當你進行的時候，記得用鼓勵，而不是用讚美。我們觀察到許多父母分不清這兩者之間的差別。因為讚美和鼓勵會產生截然不同的結果，所以請注意它們的差別。

讚美是完成一件事的時候所給的獎賞，它注重的是個人利益，也通常是握有權威的人（比方說父母或老師）看到青少年達成某個目標的時候，表示高興而給的嘉許。這過程一定要有成功的事實才行，否則得不到。相反的，鼓勵卻不一定要在成功的時候才給，凡是有努力、有用心、有改進甚至於有興趣，都可以給予鼓勵。鼓勵表示對青少年的優點、長處、貢獻、成就都看重，青少年得到的不是獎賞，而是肯定和接納。鼓勵可以隨處應用，因為處處都找得到可應用的地方。

讚美和鼓勵所放出的訊息也不同。父母讚美的時候，所說的是：「青少年很聽我的話，做得很好。」焦點是在父母很高興，因為青少年遵照他們的話去做。有的青少年面對這樣的要求和期望，有喘不過氣來的壓迫感。鼓勵所傳達的訊息是：「最重要的是你自己覺得是不是用心去做。」鼓勵能讓青少年設立比較切合實際的目標，讓他們更有能力去管理自己的生命。

兩種方法所造成的結果也很不相同。用讚美的方法，青少年學會拿別人的目標來衡量自己能力的高低，他們學會跟著別人的要求走。怕別人反對他，就得服從、討好別人，這種態度的危險性是：青少年把別人的讚美和自己的價值合而為一，以後會招來挫敗感。因為他們可能發展出不切實際的標準來衡量自己的價值，拚命想達到完美——可是誰是完美的？青少年很可能覺得除非有人讚美，不然就是自己不行，於是他們的選擇、做的決定，都取決於別人的讚美，不敢照自己的興趣去做。

所以讚美雖然出於好意，其實對青少年個人的價值觀來說，是做了一個很冷酷的裁判。比方說：「你真是個好孩子啊！」這句話所含的期許可不是青少年輕易能達到的，如果他有時候不「好」，是不是表示他就是個「壞」孩子呢？又比方說：「我們真以你為榮呀！」這句話的意思其實是：「你真給我們面子！」這些都是施恩寵的讚美，傳達的訊息是：父母站在比較優越的地位來嘉許你了。而「鼓勵」所含的訊息則有雙方都站在平等地位而言之意。

鼓勵把焦點集中在長處和優點，因此青少年明白自己有什麼才幹，也自覺有信心、有用。鼓勵也等於幫助他們培養勇氣——就是接受自己並不完美的勇氣。有時明知道達到一百分是不可能的，他們還是願意盡力去學習，把錯誤和缺點降到最低，對自己的行為負責任；能衡量自己的進步，也能判斷自己做決定的能力。

鼓勵的用語

有時候鼓勵的話自成一種語言，這些話在本課程中我們從頭到尾都一直在重複使用。鼓勵的話就是要避免價值判斷，避免用「好」「太棒了」「了不起」這一類的話，該用的是幫助青少年建立自信的話。

顯示接納的語句——

- 你處理那件事的方法我很欣賞。
- 你對這件事覺得怎麼樣？
- 看你那麼喜歡，我也很高興。
- 你既然不滿意，那你想應該怎麼做比較好？

表示信心的語句——

- 你做得到的。
- 你有進步了。
- 我相信你處理得了。
- 我對你的判斷有信心。

承認他的努力和進步的語句——

- 我看得出你真的是花了一番心血才做出來的。
- 我看得出你進步很多了。

- 你在××方面（要指名實際的事項）真的改進很多了。
- 看起來你進行得滿有心得喲！
- 也許你不覺得已經達到目標，可是你看，你跟開始的時候比起來，真的好太多了。

用強調優點、長處、貢獻和欣賞的語句——

- 謝謝你幫我的忙，替我卸下一個重擔。
- 你對××（要指名實際的事項）真的很有天分！
- 可不可以幫我一下？
- 你替我做的××事，真的幫了我一個大忙，我很感激。

使用這種鼓勵的話時，末尾千萬不要落下敗筆——也就是不要在結尾又加上一個評論。比方說：「我看得出你真的用心去做了。」之後不要再補上一句：「可是我知道你還可以做得更好。」或者是：「以後每次都這樣不就很好嗎？」或者是：「要保持下去喲！」這加上去的評論，就暗示著你還是要求十全十美，這樣的努力還不是很令人滿意的。這樣，你前面的鼓勵就失去意義了——好像一手給，另一手又奪回去一樣。

表4-1 鼓勵的技巧

技巧	情境	洩氣的回應	鼓勵的回應
接納與同理心的對待	青少年努力練習鋼琴，可是沒有入選。	別放棄，再加油！學學我吧！	我知道你已經盡力了。
	青少年倒車不小心，碰壞別人的車燈，對方很生氣。	真笨！怎麼會撞上別人的車呢？你不看路嗎？	人都有錯，以後要怎麼樣才能避免同樣的意外呢？
把焦點放在長處和貢獻上，對他表示嘉許	青少年在網球賽中表現不佳，賽後的練習倒是表現良好。	我就說嘛！你還練得不夠，參加比賽還早呢！	我注意到你的球比上一次快，也比上一次強了呢！
	青少年認錯又改過了。	你總不先想想再動手。	我很高興你為過錯負責。
找出積極面，用不同的角度來看同一個情況	青少年明知不對還去夜店跳舞，結果被警察逮到。	我叫你別跟那群朋友在一起，你是明知故犯。	我想你已經學到，跟著人家走會有什麼後果了吧！
	青少年因為暑假朋友都去渡假，他卻得待在家裡而不高興。	你是被寵壞了！我像你一樣大時，暑假都在打工。	三個月的假期很難得，我們想些方法好好利用。
把焦點放在努力和進步上	青少年努力想在各科表現得更好，成績單發下來卻不如理想。	我還以為你說過這學期要好好用功呢！你看看這數學成績！	你的英文跟歷史都進步了，你這學期是真的朝目標去做了。
	青少年背不好話劇中的臺詞。	想你還是退出比較好，有的人就是怎麼樣也背不好臺詞的。	雖然臺詞還沒記起來，可是你每次念，表情都進步了一點。

自我鼓勵

你不但要學會鼓勵青少年孩子，也要學會鼓勵自己。你要明白你不只是父母，你也是人，這樣你才會認識自己的優點。你不必依賴子女的成就來肯定自己的價值，如果你的孩子在某方面表現優越，或者交上了什麼好對象，當然都會令你感到高興，但這可不是衡量你有沒有價值的標準。千萬要避免期待兒女達到什麼目標，來滿足你的成功的感覺。反過來，要鼓勵自己，觀察什麼事給你最大的成就感，認出你在什麼方面受人尊敬，什麼方面讓人看重：是友誼、事業、婚姻、家庭，還是你對社會或社團的參與？正視你的成就，也接受這些成就。一旦認知自己的才幹和能力，就越能肯定自己，讓理性的信念取代非理性的。對自己越滿意，就不會強迫自己去跟別人比，反而能照自己的標準，觀察自己的進步，也會覺得自己是社會的一部分，想積極跟它合作，而不是要對抗它。

同樣重要的是，你給青少年孩子設了一個好榜樣，他會感到更有自信，更能給自己設立切合實際的期許。請記住，自信不是能「教」的，但是子女自然會「學」，這都是從觀察中學來的。設榜樣，以身作則，勝過幾十次的說教。

鼓勵青少年的十種策略

在言談中，你是否溝通了對兒女的信任？有沒有表示你的支持和信心？有沒有強忍住要苛求的衝動？你的青少年孩子有沒有自由去嘗試沒有十分把握的事情，然後從中學習？如果你回答「沒有」，或者你不懂這幾個問題有什麼重要，那麼你就應該再學一學鼓勵的技巧了。以下是鼓勵青少年的十種策略，並附有舉例說明。

(1)賦予責任。把他當作一個負責的人看待，預期他對自己的行動負責。例如：

> 十四歲的美倫在學吉他，可是最近她媽媽發現她都不練習了。媽媽雖然心裡關心，卻不去嘮叨這件事，只是心裡在想：如果她不練習，我就不付錢讓她學了，她必須接受自己行為的後果。所以她跟美倫說，如果不練習，媽媽就不替她付學費；要學就得練習，要不然她就要自己付學費。

美倫的媽媽用的方法叫做合理的後果（我們在第7章會有更詳細的討論），她認為女兒應該對自己的學習負起責任才對。賦予責任是一件有價值的禮物，因為這表示你對青少年說：「

我尊重你，也信任你，我相信你會成功，也能為自己負責。」

(2)對他在家裡的貢獻，你要表示讚賞。青少年孩子如果願意花時間替你跑腿、做飯或替家裡做什麼事，一定要表示嘉許。例如：

> 十五歲的士誠騎腳踏車去麵包店為家人買土司，回到家，他祖父在他耳邊輕輕地說：「謝謝你了，省得我跑一趟！」

若是在朋友和客人面前，士誠的祖父毫不遲疑地就會稱讚他，可是如果別的孩子也在場，他就不公開稱讚士誠了，因為他注意到這樣會引起孩子彼此的競爭，還是要小心避免比較好。

(3)向青少年請教，採用他們的提議和意見。你的孩子有的時候知道的比你更多，比方說關於汽車、流行服飾、藝術、電腦、音樂、政治、運動等等，你可以向他們請教意見。例如：

> 周先生正在地下室安裝電插頭，邊看說明書邊裝，卻不太順利。他想到女兒佩婷在學校的工藝課正在學電工，就叫她下來幫忙，結果安裝得順利得多，因為佩婷懂得怎麼建議。

周先生固然受益於女兒的幫忙，可是佩婷知道父親真的接受她的意見，也覺得受尊重的價值感，更是額外的收穫。

(4)鼓勵他們參與，一起做決定。讓青少年孩子參與家中的計畫和決定，接受他們的建議，採納他們的意見，都是顯示對他們的尊重。比方說在選擇學校科系、就業、家庭旅行計畫、家事的分工、零用錢等，都可以徵求他們的參與。例如：

明瑞過十三歲生日的時候，媽媽跟他說，以後會給他一筆買衣服的基金，因為十三歲已經能自己決定該買什麼衣服了，以後就讓他自己決定自己要穿的也自己去買。開始的時候，明瑞買了幾次不太滿意的，用的錢也分配得不太對，可是慢慢地他就學會小心了。

(5)接受他的錯誤。錯誤也是學習的機會，不論在學校、在家、跟朋友相處、工作等，只要是人都有發生錯誤的時候。不管是青少年犯錯或是你犯了錯，都不要將它災難化，而應該利用你的錯誤來讓青少年孩子看出你人性的一面。我們建議你在環境中造成一種讓人不怕犯錯的氣氛，能討論過錯，也能從中學習。例如：

十六歲的希華英文的重要考試不及格，她跑去跟父母說的時候，傷心得哭了，她說她心裡難過得不得了，本來不想跟父母說的。父母跟希華說，他們並不生氣，因為他們看得出來，為了成績考得這麼差，女兒已經很傷心了，並且問她以後要怎麼辦才不會再考那麼差。希華很快就停止把考不好這件事災難化，也開始想這次到底為什麼會考得那麼差，下一次的考試應該怎樣補救才好。

希華的父母並沒有處罰女兒的「過錯」，沒有規定她下一次一定要考好，反而慈愛地對待她，幫她看出解決的對策，讓她自己想出解決的方法，本身就是一種鼓勵。

(6)強調過程，不只看成果。鼓勵者會把焦點集中在過程上，也就是看努力和進展，不只是看成果，如成績、獎賞、名次等。請記得，達成目標是一個長期的過程，鼓勵他的努力和所花的心血，能增加他的自信心。例如：

施太太的兩個兒子合資買了一部舊車，兩兄弟正在改裝引擎。這天施太太下班回來，到車庫去探了一下，看他們還是那麼認真在修，就跟他們說：「今天引擎的聲音聽起來好像比昨天還好一點呢！看起來你們還滿有心得的！」

施太太的評論只限於他們的實際工作情形，並不說工作應該怎樣才好。她看見的是工作努力的過程，不是成績。她沒說：「聽起來不錯，等修好了一定會更棒！」她也不去挑毛病或去

「檢驗」他們的工作成果。

(7)把缺點轉變為優點。做一個「有潛力的偵探」，專門發掘長處和優點。例如：

> 馬先生覺得女兒曼麗太多愁善感了，她常常為了跟別人關係上的一點小摩擦，就回來哭訴給父母聽。馬先生於是引導敏感的女兒去設身處地替別人想，讓她學會從別人的角度來看問題。由於曼麗心思敏銳，很快就學會替別人著想，她跟別人的摩擦減少，關係也改善多了。

馬先生認出女兒的多愁善感是一個問題，可是他選擇用女兒這個特性來幫她自助助人。他由正面來看問題，打開溝通的管道，積極地和女兒一起合作，將問題化解。

(8)對青少年的判斷力表示信任。除非你信任青少年的判斷能力，否則他怎能做出好的判斷呢？可以從接納他在服裝、交朋友、前程規劃等各方面所做的決定，來表示你對他的判斷力有信心。在決定家中共同的活動甚至重要的事項時，也徵求他的意見。例如：

> 彭先生和彭太太決定要在廚房添置一臺微波爐，兩個青少年孩子安貞和信隆都是愛買東西的，所以夫婦倆就決定讓兩個孩子來替他們選出兩、三個機種，然後再做最後的裁決。安貞和信隆廣泛地做了一番調查和比價，終於做出了理想的推薦，彭氏夫婦利用他們蒐集的資料，最後選

出了最合適的一臺。

彭先生彭太太對青少年孩子的判斷力表示有信心，就幫助孩子增加自尊自重感。更何況，這家人還順利地買到了理想的微波爐呢！

(9) 對他們有正面的期望。如果你心裡盤算著青少年孩子會有最壞的表現發生，結果多半就真的會發生。然而，反過來期待最好的表現會發生也不對，因為要求子女表現完美，通常是以失望收場，而且子女們也一定會對自己的能力感到懷疑和恐懼。對青少年有正面的期望，才是最好的方法。例如：

讀高一的蘇珊要在班上演講，她跟母親說她心裡實在害怕。她母親坐下來仔細聽她說了，明白她心裡的焦慮，給她打氣說：「我知道你對這個演講很緊張，可是我對你有信心。」

蘇珊的母親沒叫女兒不要緊張，也沒有信口隨意的說：「沒關係，你一定會很棒的！」她是仔細了解女兒面對的情況，然後說出自己對女兒的信心。

(10) 學會用另一個角度來看事情。用你的原創力來發現事情的多面性。青少年跟你說他所面對的問題的時候，就問你自己：「在這個情況中，有沒有什麼可以鼓勵他的？」例如：

十七歲的明彬去應徵一個打工的機會，他很喜歡這一個工作，可是沒有錄取，所以感到又氣又傷心。他來跟母親說：「真不公平，他們應該錄取我才對。」母親並不去否認他的感覺，只是建議他看看從應徵這個工作裡，學到了多少東西——怎麼寫履歷表，怎麼面談等等，這都是很有用的經驗。母親就這樣協助明彬從不同的角度來看同一件事了。

要成為一個有效率的鼓勵者，是需要花上一番工夫和心血的，也不太可能一朝醒來，發現自己已經是一個成功的鼓勵者了。因為鼓勵是一個學習來的技能，越練習就越進步。我們建議你把身旁的人——你的配偶、你的朋友、你青少年孩子，都當做你練習鼓勵的對象。針對他們的見解、態度、感想、問題、才能等等，開始做你的練習。

也別忘了你自己——自我鼓勵自然能帶動想要鼓勵別人。你一旦認出自己的長處和才能，就更容易清楚地看出青少年孩子的長處和才能，也會覺得說出鼓勵的話變得自在而容易，這樣你就在無形中增進青少年孩子的自尊和自信心了。

復習與發想

問答題

1 你認為挫敗感是指什麼？
2 根據你的觀察，你的青少年孩子有沒有感到挫敗的跡象？
3 你認為什麼方法可能會鼓勵他？
4 你用了什麼方法來鼓勵他？
5 思考一下你的青少年可能有什麼缺點？你要怎樣把這個缺點化為他的優點呢？
6 請說出讚美與鼓勵有哪些差別？
7 鼓勵和讚美產生的後果又有哪些差別？
8 有哪些話是你可以用來鼓勵的孩子？
9 要鼓勵你的青少年，你想什麼樣的策略是最有效的？

本週活動

思考一下，什麼是你的青少年孩子最感挫敗的方面？你要用什麼特別的方法來鼓勵他？請注意你每次是用什麼方法在鼓勵他，他對你的鼓勵又有什麼反應。

【個人發展練習 4】鼓勵

1 在你與青少年孩子的關係上，請列出你所有的長處來（也就是指出你們關係中良好的方面，包括你的努力和改進在內），請至少列出五項。

2 你要怎樣利用這些長處來改進你和青少年孩子的關係？

3 你覺得你的青少年孩子具有什麼你欣賞的優點？（指出他優良的特性，包括他的努力和改進在內；也想一想，這些優點可以怎樣取代現有的缺點。）至少列出五項來。

4 你要怎樣把焦點集中在他這些優點上，學做一個會鼓勵的父母？把你的特定計畫寫下來：

要點提示

1 對他講洩氣的話是失敗的根本。
2 做父母的一個重要的角色就是做一個「鼓勵者」。
3 所謂鼓勵，就是把焦點放在一個人的優點上，以增進他的自我尊重感。
4 學習在每一種個性中，都能看出積極的一面。
5 只要青少年設定的目標是對的，讓他自由去追求這些目標。
6 鼓勵的方法：
- 表示對他有信心。
- 建立他的自我尊重感。
- 肯定他的努力和改進。
- 把焦點集中在他的長處和優點上。

7 讚美是完成一件成就所得的獎賞，它蘊含著競爭和不能失敗的意味。鼓勵則是針對努力和改進而給的，它蘊含的是合作和自我尊重感，會激勵自信和接納。
8 肯定你自己的長處，看出自己不單是父母，也是一個平常人。

9 鼓勵青少年的幾種策略：

- 賦予責任。
- 對他在家裡的貢獻，要表示讚許。
- 向他請教意見和提議。
- 鼓勵他一起參與做決定。
- 接受他的錯誤。
- 強調過程，不要只看成果。
- 把缺點轉化為優點。
- 對他的判斷力表示有信心。
- 對他有積極的期許。
- 對同一種情況，發掘不同角度的看法。

改善親子關係的計畫（第四週）

●我特別關切的事：

●我通常的反應：

☐談論，訓話　☐處罰，羞辱

☐抱怨，數落　☐放棄不理，因為太灰心

☐生氣，怒吼　☐運用權力取消特別待遇

☐嘲諷，挖苦　☐其他：

●我本週的進步情形：

	改進	退步	未變		改進	退步	未變
我了解他行為的目的	☐	☐	☐	從衝突情境中退出	☐	☐	☐
基於互敬的原則，發展我們之間的平等關係	☐	☐	☐	表達對他的疼愛和正面的感受	☐	☐	☐
給予鼓勵	☐	☐	☐	安排民主的家庭會議	☐	☐	☐
更有效地表達訴諸情感的回應	☐	☐	☐	適度地修正對孩子的訓練方法	☐	☐	☐
嘉許他的良好行為，也讓他學習負起責任	☐	☐	☐	給他選擇的機會，以避免訓練發生困難	☐	☐	☐
傾聽他說的話	☐	☐	☐	行動堅定，態度溫和	☐	☐	☐
不抱怨也不責怪的把自己內心的感受說出來	☐	☐	☐	不是我的問題，我不攬在身上	☐	☐	☐

●我學習到：

●我計畫改變我的行為，方法是：

1.

2.

3.

5

傾聽孩子的話

父母在聽子女說話的時候，需要注意到自己非語言的肢體動作。靜靜聆聽和表示感興趣的姿勢都是很重要的，但如果你學會了一種傾聽的技巧——反映式傾聽法，則能使你的青少年更覺得被了解。

大部分的人聽到溝通兩個字，都想到「講話」。講話只是溝通的一部分，其實在建立兩人之間的關係上，「講話」是最不重要的一點了。舉個例來說：你去參加聚會，遇到了承志，回到家你跟家人說：「跟承志交談真是一件愉快的事。」我們的猜測是：承志是一位很會聽話的人，而不是一位很會講話的人。

我們大部分人都一樣，都是喜歡說話的時候被人用心聽的人。為什麼會這樣呢？因為這表示聽的人看重你所說的，也相信你所說的是值得注意聽的話。

你的青少年孩子在這一方面也跟你沒有兩樣，父母傾聽他說的話，會讓他感到被看重，有價值。當然啦，表達你的情感和想法也是溝通的一環——你當然要青少年孩子了解你的看法，關鍵是怎麼決定什麼時候應該注意聽，什麼時候該表達你的感覺呢？不管是什麼事情，最有效的決定方法是：先看這件事情是誰的事情；問題到底是屬於你的，還是青少年孩子的？

這是誰的問題？

有的父母覺得兒女的問題就是自己的問題，可是有些問題的確只屬於青少年本身，跟父母無關。父母若一定要把事情往自己身上攬，不是造成青少年的依賴，就是激發他的反抗。這是因為他們沒把負責任的機會交給青少年本身的緣故。

讓青少年孩子自己學習處理自身的事情是很重要的，也是一生都受用的訓練。當然這不是說父母為了表示對他們有信心，就要停止對他們的關心和照顧，而是說要給他們的是準則，再加上一對善於傾聽的耳朵！然而允許青少年去處理自己的問題，父母等於是送給他一件禮物——自立。除了實際去學，青少年還有什麼方法能成為自信自強，又負責任的成人呢？

所以簡單的說，不是你的問題，就不要干涉。那麼，要怎麼決定問題屬於誰呢？請自問：「這個問題牽涉到我的權利和責任嗎？」如果答案是不，這件事就不是你的問題。再問：「是誰跟誰之間產生了問題？」比方說，青少年孩子與老師、與你的配偶、與同學、與兄弟姊妹之間有了衝突，都是與你無關的，你不必介入。

請看以下兩個情況：

泰德跟女朋友鬧翻了，心裡很難過，媽媽表示了解他的痛苦，可是她又有什麼辦法呢？她總不能打電話給他女朋友，勸她再跟泰德和好吧！這件事一定要泰德自己去處理，正是解鈴還需繫鈴人，何況這跟做媽媽的權利也扯不上關係，這件事很清楚是泰德自己的問題。

十八歲的文錦昨晚用了爸爸的車。爸爸早上有個很重要的會議，正趕著要去開，發動車子後，才發現油箱的汽油已經空了。他的會議勢必要延後，這件事對他的確造成了不方便，所以這是

屬於爸爸的問題！

下面所列的是父母與青少年孩子之間常常發生的問題，請你決定一下在每個個案中問題是屬於誰的。

問題

1 卓義明天要交一篇自然科的報告，現在已經晚上九點鐘，他還沒開始寫呢！
2 凱如把外套放在餐桌上。
3 樂民連續一週的晚上，都搞到很晚才睡。
4 蓉桂把車子倒出車庫，倒得太快了。
5 敦明總是沒有什麼理由遲遲才出來吃晚餐。
6 怡菁學會抽菸。

結論

1 這是卓義自己的問題，因為沒有影響到父母的權益，他在學校自己要面對後果。如果父母加以干涉，可能激起卓義的反抗，也同時剝奪了卓義學習合理後果的機會。

2 這就是父母的問題了，因為外套放在餐桌上妨礙了餐桌的使用。

3 樂民可能早上起不來，上學會遲到。他自己要面對結果，這是他自己的問題。

4 蓉桂倒車太快，可能危及她自己的安全、車子的安全，也可能危及他人的安全，這是父母的問題。

5 敦明趕上不晚餐，是他自己的問題。如果父母需要幫他留菜，又要等他吃完了再收拾，那就是父母的問題了。

6 怡菁如果在床上抽菸，或有家人受不了菸味，這就是父母的問題。可是如果她很小心，也不在受不了菸味的人面前抽，那問題就是她自己的了。（第8章中關於抽菸有詳細的討論。）

每一次你與青少年孩子遇到問題的時候，記得考慮兩件事：第一，他的不良行為有什麼目的；第二，這個問題是屬於誰的。考慮了這兩點以後，會幫助你決定用什麼方法解決。如果是青少年自身的問題，可能你就可以讓他自己解決，不去干涉他。

你或許想給他一點鼓勵，或許想讓他體驗這件事情的後果，或許你覺得應該聽聽他有什麼話要說。在本章裡，我們要集中用傾聽這個方法，來處理屬於青少年自己的問題；至於其他解決屬於父母的問題的方法，在後面的幾章中會討論到。

溝通的阻礙

停下來想一想，你跟青少年孩子之間的對話情形如何？恐怕跟一般家庭都大同小異吧：

「你昨天幾點回來呀？」「十二點。」
「你倒垃圾了沒？」「還沒，我待會兒去！」
「別忘了餵狗！」「好啦！好啦！」
「今天晚上要打工嗎？」「要。」
「洗碗！」「怎麼每次都是我!?」

這種對話，我們稱為「事務」的對話，因為這跟家中每日的事務有關。「事務」對話在家庭生活中當然是必要的，然而，親子之間若要發展積極的關係，這樣的對話是不夠的。感覺、信念、意見等都要彼此分享；親密、和諧、互相尊重的關係也需要發展。學習傾聽青少年孩子要說的話，是建立這種積極關係的第一步——傾聽表示你的關心。

很多青少年不願意和父母分享心中的感覺，可能是因為不習慣，或者是曾經試過，但父母的反應令他沒興趣再說了。說實在的，有些父母的回答方法也真的令人不想跟他分享。舉個例來說，如果你在工作中和上司起了衝突，你在氣頭上，只想找個朋友替你評評理，你跟他說：「他這樣子對待我，我再也受不了了，你猜今天發生了什麼事？」如果你的朋友用以下的話來回答，想想你會有什麼感覺：

「別這麼氣嘛！你血壓可要升高了呀！」
「你不應該跟他生這種氣的！」
「你為什麼不跟他攤牌呢！」
「生氣也於事無補呀！」
「你們兩個真的像小孩子一樣！」
「你的問題是，讓他把你看扁了！」
「休息一下，你就會覺得好一點了！」

你對這一類的回答有什麼感想？氣憤？挫折？氣餒？你會覺得這個朋友了解你嗎？你會不會想把心事和問題跟這種人談一談呢？現在，請問你，你希望這個朋友做的是什麼事呢？是不是靜下來，好好聽你說，然後說幾句評語表示他了解你的心意呢？

看到別人那麼難過，我們大多也覺得不知所措。我們都認為有教養的人不應該發脾氣，不應該灰心喪志——不愉快的情緒應該隱藏起來。結果，見到別人有這些不愉快情緒的時候，我們也就不知道怎樣應對了。所以，青少年孩子跟我們表達這種不愉快的情緒時，我們也不知怎麼樣才好。雖然我們心意是好的，也免不了扮演以下這幾種傳統角色：

(1)總司令：命令難過或激動的人別難過。命令雖然是下得很客氣：「別這麼氣嘛！你血壓可要升高了！」但對青少年來說，這總司令可是高高在上：

「別講這種話了！」
「叫你別跟她那種人來往，你偏不聽！」
「你再講這種話，我就……」

(2)道德家：告訴激動難過的人「不應該」有這種感覺，「應該」要怎樣怎樣才對。對青少年來說，道德家只是說教和對你施恩罷了：

「你不應該跟他生這種氣的！」
「你應該向老師道歉，說你的行為錯了。」
「你不應該這麼糊塗的！」

「這樣處理怎麼對呢！」

(3)萬事通：對什麼事他都有答案。「你為什麼不跟他攤牌呢？」好像真的照他的話去做，一切問題都會解決似的。對青少年來說，萬事通型的人給你主意、勸你這樣那樣，一切照理論行事，又顯得自己很優越的樣子：

「我不是早就告訴你了嗎？」

「你仔細想想，動動你的腦筋吧！」

「我在你這個年紀的時候呀……」

(4)法官：把事情衡量一下，然後對這個人的感覺下判決。屬於這一型的父母，多半急於證明自己才對，青少年孩子是錯的：

「好啦！這一次你又惹出什麼麻煩來了？」

「咦？你以為好分數是那麼容易得的呀？你沒用功當然考不好了！」

「我想這是你自己的錯。」

(5)批評者：跟道德家、萬事通和法官型的人動機相同，都是自以為是，可是批評者的策略不同，他用的是嘲弄、譏笑、諷刺、謾罵，來應對青少年：

「像樣一點好不好？」
「別以為自己是大人了！」
「教練不可能那麼壞吧！要教你們這一堆笨頭笨腦的，誰都會瘋掉。」

(6)安慰者：不想被牽涉到別人的問題中，所以輕易地把別人的難過心情撇到一邊去。這種人認為拍一拍肩、安慰幾句、給他喝杯熱茶，一切就會解決了。通常他愛用一些老生常談來安慰人：

「休息一下，你就會覺得舒服一點了。」
「到頭來，事情總會解決的。」
「這個階段過了就會好的。我們不也都熬過來了嗎？」
「想通了，你就會明白了。」

(7)心理學家：他們問問題，分析問題，又下診斷。這一型的父母都是想讓青少年自覺有問題：

「你的問題是，讓他把你看扁了！」
「你怎麼會用那種方法呢？」
「你太在乎別人喜不喜歡你了。」

很多父母不知不覺地扮演了這些角色，因為他們不知道還有什麼好方法可用。他們只想讓青少年走上「正途」，可惜的是，這種方法常常令青少年反而走上「偏門」。我們可以看得很清楚，這種方法毫無鼓勵的作用，既不能引起他們溝通的意願，青少年孩子也學不到該做什麼負責任的決定。

成為一位有效的傾聽者

青少年急切地要人了解他，尤其是心情難過的時候；就像我們每個人，都需要別人的接納一樣。接納的意思不是一定要同意他的感受和見解，接納只是要你體諒就是了。

比方說，假如你的女兒氣呼呼地走進門，跟你說：「我受夠了學校，我恨透了學校，我再也不上學了，我要去找工作！」這時候，你要說什麼？你可能不願意她休學，她也可能只是在講氣話，並不是真的要休學，可是她的確是心情壞透了。如果你開始跟她說完成學業才有前途什麼的，她會覺得你根本不了解她為什麼生氣，她不想繼續溝通，在這件事上，你就失去了對她的影響力了。

如果你表示對她的心情很體諒呢？比方跟她說：「聽起來你在學校裡受委屈了！」這樣，表達你承認她的心情，給她說明的機會，讓她把心意表明出來，她就會慢慢安靜下來，也會自己找出解決問題之道。

了解子女心裡的感覺，才有解決他們問題的根基。很多父母都有很好的意見可以提供給青少年孩子，但是由於結論下得太快，卻常常被子女不假思索地排斥。人激動的時候，可能最想要的就是不受別人打擾地靜一靜，或找人聽他說並了解他，別人要是急著提出什麼立即的對策，他是不想接受的。

怎樣了解別人的感覺，並且把你的了解表達出來呢？通常，一個人的感覺不是很容易就能說得清楚，也不是很容易就能表達讓別人明白的。我們要做一個有效率的傾聽者，就要細心觀察所聽所看到的。

臉部和眼睛的表情、手和身體的姿勢、說話的語調等，都溝通著一個人的感覺和意思。事實上，有人認為人所傳達的訊息，大部分是由非語言的姿態表達出來的。如果我們想要了解青少年孩子的感受如何，就需要增進察顏觀色的技巧——除了會聽，還要會看。

請想一想外在表現出來的行為傳達了多少種內在的感覺。哭是表達悲傷、失望、氣憤、痛苦（身體和心理的）、挫敗、甚至喜悅的情緒；微笑則是表達快樂、著急、甚至輕蔑；丟盤子、拍桌子，可能表示憤怒、挫敗、絕望；僵直站立則表示恐懼或不安；有人搖頭是表示讚賞，點頭表示不同意，有的人正好相反；打呵欠表示沒有興趣或疲倦；眼睛瞪大著可能表達震驚、極度感興趣或無禮。在有些文化中，直視別人的眼光是不敬的表徵，還有的文化中，說話不直視別人的眼光則表示焦急或不感興趣的意思。

說話的語調也傳達著很多情感訊息。猶豫、結結巴巴、句中停頓頗長的，可能表達緊張或憂傷；說話迅速通常表示狂喜或緊張；加重語氣在某些字眼上是在說：「我說的話，重點在這裡。」

所以由此可以看出，同樣的話，或同樣的動作，並不一定表達同樣的訊息，因為每個人都是獨特的。要點是：我們都應該學習注意，才能增進傾聽的技巧。

父母在聽子女說話的時候，需要注意到自己非語言的肢體動作。青少年孩子在跟你講話的時候，眼光要看著他，但不要瞪著不放；不要打岔，要注意聽。姿勢放鬆，微向前傾，臉上要表示你有興趣，並適時說出：「我懂」、「對」、「嗯」等短詞，表示你的確在聽他說。偶爾的點頭，也是表示你專注傾聽。以上這些動作都在表達：「我關心你，我正在聽。」的意思。身體別移來移去，抖動不定，別轉身背對他，或一面聽一面做別的事，這些動作對青少年孩子來說，都表示你沒興趣聽。還要小心別說：「我了解你的感覺。」因為這會令人反感，也不是真心話——你怎麼會完全明白他人的感覺呢？你只能「猜想」別人的感覺罷了。

前面說到的這些靜靜聆聽和表示感興趣的姿勢都是很重要的，但如果你學會了一種傾聽的技巧——反映式傾聽法，則能使你的青少年更覺得被了解。

反映式傾聽

反映式傾聽是要讓向你說話的青少年表示你完全了解他的感覺。懂得反映式傾聽的父母，就像是一面鏡子，幫助青少年孩子「看」到自己，和自身的感覺。我們舉一個例子來看：安莉在學校參加籃球隊的甄選，但是被淘汰了；回到家，她覺得很挫折，把經過跟母親說：

安莉：我沒被選上。好多同學都打得比我好。

母親：你覺得很失望，因為你被淘汰了，是吧？

安莉的母親反映了女兒受傷的感覺：「你覺得很失望……」然後反映造成她感覺受傷的情況：「因為你被淘汰了。」請注意，安莉的母親不只是把女兒說的話重說一遍，不是像鸚鵡學舌一樣照說一次，（那不就像對著錄音設備說話一樣嗎？）而是把從安莉的話得來的訊息，用自己的話重述出來。她沒有加進自己的評語什麼的，其實安莉自己也可能用同樣的話來表達。

人在表達自己感情的時候，通常不用「感情的字眼」來表達。其原因之一是，我們直接表達負面情感的時候，常常會受挫；另外一個原因是，當我們激動的時候，常不能清楚地思考。而反映式傾聽最大的好處就是，父母可以幫助青少年孩子從比較理性的角度來看問題；把情感指認出來，可以幫助他們了解自己的情感到底是什麼。

有時候青少年也會用「情感的字眼」來表達，這時候父母仍只要反映他的感覺就好——用同意詞來重述他的訊息。最重要的是抓出青少年所說的訊息背後，所要表達的意思是什麼，然後反映出他的意思（但不要詮釋，因為反映和詮釋是有差別的）。例如：

彥理：（傷心地）蓓菁說好要到舞會來跟我見面，可是她爽約了！整個舞會裡只有我一個人沒有伴。

反映式回答：你覺得尷尬又難過，因為你的舞伴沒來，是不是？

詮釋式回答：你是怕別人笑你連舞伴都找不到吧？（雖然這可能是實情，但卻不是彥理想要說的，他聽了這樣的回答，可能覺得爸爸是在分析他，而不是了解他。）

表達反映式的傾聽的詞語

光是看著他的肢體語言，聽他說話的語調，再聽他說的話，你就可以做出有效的回應了。青少年若傳達出情感訊息，請你等十秒鐘以後再回應，這是讓你有機會想一想再回應。用這十秒鐘想想兩個問題：我的青少年孩子有什麼感覺？這感覺是怎麼引起的？

好，想是想了，我知道他有什麼感覺，也知道是怎麼引起的；現在，我要講什麼呢？要表達反映式傾聽的詞語也有好幾種啊！最重要的，請記住，請你用「揣測的」語氣來回應，切忌用「我什麼都知道」的語氣回答。既然你看不透他的心意，如何去「告訴」他呢？以你選用的字眼、說話的語氣、肢體的語言等，來表示你正在揣測他的心裡有什麼樣的感覺，這樣子青少年就比較能自在地告訴你，到底你的揣測是對還是不對。

有些父母在開始學這種反映式傾聽的詞語時，就用一種很簡單的方式：「你覺得……，因為……，是吧？」當然，這方式也能變化一下，變成：「你好像覺得……」「聽起來你好像覺得……」「你好像很……」等。或者整句可以說成：「對這件事，你好像覺得……」「我覺得你好像是說……」「會不會是……」「你是不是覺得……」「我如果猜錯了，請糾正我，我猜你是……」「我的印象覺得好像你是……」。

我們建議你不要光用一句平板的：「你覺得……」因為這種說法好像在反映意見，而不是感覺。這用在討論事項的時候可以，反映情感則不適合。比方，你可以說：「你覺得父母應該容許你不論多晚回來都可以，是吧？」這是在討論事項，不是反映情感。反映情感的方式略有不同。

為了讓你明白反映式傾聽的效果，請看以下的親子對話：

倫達：我不懂為什麼我就不能去，別人都可以！
父母：你覺得我不公平，因為你的朋友家裡都不像我們這麼嚴，是嗎？

珊珊：歷史課實在好無聊，每次上課我都快睡著了。
父母：聽起來你覺得很沒興趣，因為歷史很枯燥乏味，是吧？

有時候青少年說出來的話，包含著兩種情感。如果是這樣，你就把兩種情感反應出來，詞句可能是：「你好像覺得……又……，因為……，是吧？」舉例如下：

惠賢：真不知道怎麼辦才好！東寧邀請我去參加聚會，我很想去，可是他另外那兩個朋友——阿力和安瑞也都會去，我實在很受不了他們。如果不去呢，又怕會傷東寧的心，他是那麼好的人。

父母：你覺得又困擾又擔心，因為你不想讓東寧失望，又不想跟阿力和安瑞他們幾個一起玩，是吧？

婷婷：在學校裡，我根本交不到朋友。他們都有自己的小圈圈，也不跟我講話。

父母：你好像覺得被忽略了，又感到很孤單，因為在學校裡很不容易認識新朋友，是吧？

有時候，對某件事情，他們的感受是憂喜參半。請看以下的例子，並看父母可能怎樣反應較妥當。

榮柏：我畢業以後要加入海軍，因為他們在電機方面提供很好的機會，而且又可以旅行各地。可是一進去就要四年才能退役，好長啊！

父母：你聽起來好像又興奮又猶豫，因為海軍有你想要學的，可是又得服役很久，是吧？

天成：這個傢伙一直在找我麻煩，所以今天我就跟他說請他收斂一點。可是他有一堆兇狠的朋友，我不知道明天會怎樣。

父母：聽起來好像你心情很複雜，因為高興終於跟他攤牌了，可是又害怕他的朋友不知會怎麼對你，是不是？

開放式反應與封閉式反應的對比

父母希望的是，青少年孩子一直都保持跟父母溝通內心感覺的意願，以便能幫助他們處理不時發生的一些動盪的情緒。開放的回應能鼓勵他們溝通，封閉的反應則相反。

開放的反應就是你不要加減青少年孩子所表達的訊息，你所回應的跟他自己說出來的話必須是相同的訊息，只是用字稍有不同而已。這種開放的反應法，是你要向青少年孩子表示你完全了解他所說的。封閉的反應則暗示你不了解他，因為用的方法是批判、分析或解釋他的感覺。我們來看看這三位家長對青少年同樣的問題，有何不同的回應：

孟萱：什麼時候不好考試偏偏要選星期一。我本來週末是有計畫的，現在都別想了，只能準備星期一的考試。
家長甲：唉！你知道有時候計畫就是實現不了呀！
家長乙：你以為學校就要照你的計畫才行嗎？
家長丙：聽起來你很失望，又很挫折的樣子，因為你得放棄預先所定的計畫，是不是？

第一個家長（甲）忽略孟萱的感覺，扮演了「萬事通」的角色。家長乙把這一件事詮釋了一下，但在孟萱聽來，就像在攻擊她似的。家長丙聽了也懂了孟萱的感覺，並打開了和兒女溝通的管道。

再舉一個例子，十三歲的德威對妹妹的干擾有以下的怨言：「拜託你叫妹妹不要進我的房間好不好嗎？她總是亂動我的東西！」你看下列的回應，哪一個是開放式的？

回應

1 妹妹還小，你別跟她生氣嘛！
2 你怎麼不把房門鎖起來呢？
3 你要是不捉弄她，她就不會去跟你搗蛋了！
4 好吧！我會跟她說。

5 你氣妹妹，因為她好像都不尊重你的東西，是不是？
6 你好像有點受到干擾，因為妹妹把你的東西弄亂了，是嗎？

結論

1 封閉的。因為這等於告訴德威應該怎樣感覺才對。
2 封閉的。因為這是在勸告德威該怎麼做，也不尊重德威的感覺。
3 封閉的。因為這是在責怪德威。
4 封閉的。因為這把德威該負的責任——解決這個問題的責任——給取消了。
5 開放的。因為這句話道出了德威的感覺，也把造成這種感覺的情況說出來了。
6 封閉的。雖然這句話是照著反映式傾聽的格式說出來的。可是這把德威的感覺輕估了，他是生氣，不是「好像有點受到干擾」。

用反映式傾聽法，你說的話並沒有指出你同不同意他的看法，只是要讓他明白你懂得他的感覺而已。

「可是他什麼都不跟我講呀！」

好啦，你現在學了這一些新技巧，很急著要展現一下，趕快實際應用在與青少年孩子的溝通上。可是，他就是不開口呀！怎麼辦？首先你要明白改變行為不是一時一刻的事情，是需要時間的。你的子女怎麼知道你不再是發號命令的總司令、心理學家或其他壓迫者的角色了？青少年孩子可能還是不能放心地跟你分享他的感覺。如果你的情況的確如此，那麼以下有幾點建議，你可以用其中的一、二點，或各種都用，可是，不要「過度」使用，因為這樣也會引起青少年反感的。

(1)從他的非語言訊息中，猜測他的感覺。看到他微笑、皺眉、氣憤的表情時，可以略加評語說：「你好像在高興什麼事呢！」「你看起來很沮喪的樣子。」「你好像覺得很生氣。」

你說出他不愉快的心情，他可能就否認掉：「沒有啊！我哪有沮喪，我只是在想事情。」如果是這樣，要尊重他的回答，過一陣子再試試看。等你再次由他的表情中，做一個猜測的評語的時候，可能就打開了溝通的大門：

爸爸：小平，你好像在生什麼氣吧！

小平：我真的氣死了，每一次跟慶康出去，都得去他想去的地方，我真受不了他。

(2)問問他的意見。父母可以問青少年孩子關於在校一天的情況，有什麼他們喜歡的事，或關於某件事他們有什麼見解。很可能他只回答：「很好啊！」「沒什麼。」「我不知道。」或「我不想說。」你就不要追問下去，尊重他的決定；可是下次時機再來的時候，仍然表示你還是很想了解他的事。有時候，一個簡單的問題就會引出相當有內容的對話：

媽媽：你的打工最近怎麼樣了？
哲明：不太好！老闆好嚴，怎麼做她都不滿意。
媽媽：聽起來你好像很失望，因為她的期望太高，是吧？
哲明：我已經盡力在做，可是對她來說，還是不夠好！我簡直不知道要怎麼辦才好！
媽媽：你搞不懂她到底要你怎麼做才好，是吧？
哲明：就是啊！可是我如果丟了這份兼差工作，我的旅行計畫就泡湯了。

像這樣的對話，打開了讓父母真正了解兒女心思的機會，也才能找出解決問題的方法。在第6章裡，我們還會再面對這種情況，也會指出哲明的媽媽可以用什麼方法來幫助他找出各種可能的對策。

(3)要以身作則。主動跟他分享你對某些事情的感覺，不要只期待他告訴你他的感覺。把話題放在一般的事物上，例如工作、朋友、運動、書籍等等，不要只放在你們之間有衝突的話題上，這樣，你的示範就告訴他：可以把心情和感覺提出來談談。

表5-1 反映式傾聽法

青少年的狀況	封閉式反應[1]	開放式反應[2]
秉立跟我鬧翻了！（哭泣著）	別擔心！你還可以找到下一個男朋友！	你好像很傷心啊！
我終於成功了！我得了A！	我就說嘛！你只要用功，一定會得A的。	得了A你覺得很高興吧！
每個人都會犯錯嘛！為什麼你一定要我十全十美不可。	你本來就可以表現得比現在更好呀！	在我聽來，你很生氣我對你的期望太高了，是吧？
老師在全班同學面前對我大吼大叫，每個人都在笑我。他每次都這樣！	噢？你到底是怎麼惹他對你這麼生氣的？	你覺得又氣又丟臉，因為老師當著大家的面對你發脾氣，是不是？
我想我可以考上這個學校，因為我下了一番苦工的，可是他們只錄取五十個人呢！	我曉得你已經下了工夫，一定會考上的。	你覺得又有把握又擔心，因為你準備充分，可是又怕他們的錄取率太低，是嗎？

1 封閉式反應：顯示聆聽者對青少年的心意不了解，溝通因此中斷。

2 開放式反應：顯示聆聽者接納青少年所說的，也接納他的感受，並承認他有這種感受的權利。開放的回應所用的語句跟青少年本身所說的可以互換，真正表達了他的心意。

使用反映式傾聽應注意的事項

要成為一個反映式傾聽者，請注意以下各點建議：

(1)應該多實驗練習反映式傾聽技巧。練習不夠的時候，用起來好像很彆扭，可是你記得，無論是學什麼技巧，剛開始都不太順，可是再想想最後的獎賞是你和青少年孩子和諧的關係，不是很值得嗎？

要是用「你覺得……」或「你聽起來好像……」都不大對勁，可以改用你覺得比較自在的字句。比方，你女兒說：「要跟舒琪單獨在一起可真難，貝琪總是要來插一腳！」你可以選用下列的幾種說法：

「貝琪老是要跟著你們，你很不高興是吧！」
「貝琪的干擾，讓你心裡很不舒服是嗎？」
「貝琪讓你很受不了是吧！」
「你是希望貝琪離你們遠遠的吧！」
「貝琪令你討厭是嗎？」

請你試用自己的話，也把你的反應句寫下來，然後跟上面列舉出來的句子比一比，看看你是不是把其中的感覺和意思表達出來了。

有些父母抱怨說，他們很不喜歡講話之前還要先停下來想一想，他們覺得對自己的孩子說話還是「自然」些比較好。我們認為這一點是很遺憾的，因為正是立即的、不經思索的反應，增強了青少年對錯誤目標的追求，也阻礙了親子之間的合作關係。因此，停下來，先想一想，還是很值得的！

還有些父母很怕不了解青少年孩子的感覺。如果你不了解，就簡單的猜測說：「我猜想你是……」「會不會是……」「可能是……嗎？」還有，你也可以都不必說什麼，一直讓他說到你聽懂了一些，再做反應。這時候，你可以說：「讓我猜猜看我有沒有聽懂你的意思……」或者說：「我是很想了解這件事，可不可以告訴我，你覺得怎麼樣？」

(2)不應該強迫青少年孩子說出他的感覺。這種開放、反映式的應答，可能對他來說也跟對你一樣，都是很新的。這有時需要一段時期才能適應，他才願意對你開放地談心裡的感覺。青少年孩子可能決定跟你分享，也可能整個封閉起來，或同意你說的，然後就走開了，也可能否認你說的。不論他怎麼回應，都要尊重他！不要勉強，以後有機會再慢慢表示你樂意幫忙他的心意。

有些青少年可能根本不肯跟人分享心中的感覺，他們對生命自有一種看法，不願意說出自己的感受。如果有這種情形發生，並不表示父母就失敗了，只表示他要別人尊重他這個看法罷了。然而，大部分的青少年還是願意讓人知道他的感受的——只要他覺得你會尊重他的感受，他就會分享了。也許你和青少年孩子雙方都需要再重新建立互相信任的關係吧！溫和善意的鼓勵慢慢會有奇妙的效果，繼續努力吧！

(3)應該盡可能做出準確的回應。有時候，父母急著要了解，做出的回應並不準確，可能反應過度，也可能不足。當然選擇最恰當的字眼是最好的，可是如果達不到最好的時候，情願高估也不要低估了他的感受。父母如果低估了他的感受，青少年會以為父母不夠關心他，不想真正了解他：

秉然：雁玲從來都不信任我！
爸爸：你對她失望了是嗎？

秉然是生氣，不是失望，爸爸的回答只會讓他覺得沒有被了解。可是如果父母高估了他的感受，他會體會到父母有心要了解他，就會修正父母的話：「不是啦！我沒有很傷心，只是有點失望。」

有時候，青少年給的訊息不完整，讓父母只好在暗中摸索。例如，女兒說：「我真受不了她！」你知道女兒生氣了，但是不曉得原因，你可以說：「你好像對她很生氣。」然後讓她把不完整的訊息補起來，她可能就會跟你細述。你也可以直接問她這件事的原委說：「你可以不可以把這件事說給我聽聽？」

青少年感受的程度，你也要在反應中表示出來，這是很重要的。在句子裡使用加強語氣的副詞，如：「很」「相當」「實在」等都能幫助表達。如果說：「你很懊惱吧！」就比：「你懊惱了！」要強一些。

有時候，父母用了精確的字眼來描述青少年的感受，他還是不接受。比方說：你覺得兒子很害怕，可是一旦你說：「你覺得很害怕吧！」他就否認了，可是用其他的字眼，像：「擔心」「著急」「緊張」等，他就比較願意接受和認同。

(4)不應該問太多問題。有些父母把這種反映式傾聽法變成「大追問」。千萬不要這樣！有些問題是必要的，如：「後來你覺得怎麼樣呢？」「後來發生了什麼事？」「有什麼要告訴我的嗎？」可是，如果你要他跟你分享，連這類的問題也要斟酌少用，只要你有足夠的資料可以說出你的看法，就不必問問題。把反應說得有揣測的意味，如：「你覺得……是吧？」而不要直截了當地問：「你覺得怎麼樣？」

(5)應該花時間傾聽。好的關係要靠長時間來建立，如果你的青少年孩子想跟你分享，應該盡量找時間傾聽他要說的。如果你實在沒時間馬上停下來聽他說，就告訴他，你很想聽他說，可是為什麼沒辦法，然後跟他訂一個明確的時間。比如說：「你好像對這件事很擔心。我很想聽你說，可是我現在正有一個會要趕去開——晚上我一回家就聽你說，好不好？」

要談事情有一種很好的方法，就是一起去做一件事，像一起去購物，租個影片，或任何你們兩個都喜歡的活動都可以。往返的路途中，都是談話的好時機。再說，不用只談問題，什麼你們有興趣的事都能談。

注意他問的問題，因為問題裡頭常暗藏他的心思。

(6)不應該要求自己做一個完美無缺的反映式傾聽者。要準備隨時可能會出錯。如果你表現出很想了解他的樣子，雖然沒說準他的感覺，青少年孩子也能感受到你的誠意，會直接修正你的話。不論如何，總要一試再試。

有些父母說出了反映的回答以後，青少年卻沉默不語，這使他們擔心起來。其實，這時青少年可能就是在思考著父母的回應，正在消化這一句話而已。克制自己一下，不要急著去填補這個空檔，等一下子，再看看他怎麼樣。如果他還是悶聲不響，再試一次，像說：「我剛才說的話好像讓你很難過呢！」

(7)應該反映愉快的情感。我們舉出的反映式傾聽的例子，大部分都集中在問題或難題上，然而反映青少年愉快的情緒也是重要的。對他愉悅的情緒也要敏銳地察覺，可以說：「你對這件事真的感到很開心嘛！」「你好興奮是不是？」「你獲得的成果讓你覺得很自豪吧！」

(8)不應該過度使用反映式傾聽。有些父母剛開始學反映式傾聽法的時候，青少年每說一個字，臉上每出現一個表情，他們就急忙反應，這把青少年給弄煩了事小，更嚴重的是，這會把他趕跑了。反映式傾聽法也要斟酌使用，把你的詮釋用在最適當的時機。如果兒子說：「晚飯什麼時候吃啊？」別急著回答說：「你好像餓了。」這就過頭了！

這種反映式傾聽法也有被誤用的時候，有的父母使用不當，反而加強了青少年孩子的錯誤目標。例如：

十四歲的冠廷一直跟父母抱怨數學老師對他不公平。父母傾聽了，也設法了解這情形，可是冠廷卻不見有什麼努力要改善的舉動。這種情況，很可能是冠廷在利用這個問題來博得父母的注意力和同情心，傾聽和注意變相地鼓勵了他的負面行為，冠廷也學不到如何解決自己的問題。

要是你認為青少年孩子在利用他的問題得到你的注意，就以堅定而溫和的態度告訴他，你幫不了他的忙，並表示你對他自己解決這個問題的能力有信心。你可以說：「這件事好像需要你自己來處理，我相信你一定解決得了。」要是他還是一直想把你牽扯進去，別被拖進去！可以顧左右而言他，做別的事情。青少年可能很不喜歡你這樣的反應，可是他終究會了解，只要他自己有努力、有進步，你就樂意再幫他忙。

可是，在青少年孩子沒有預期的時候給他注意，卻是很重要的。比方說，當你發現他在學校的功課有進步、外表有改進、責任感增強等，就給他正面的反映：「你最近好像對英文下了很多工夫呢！」

青少年也會用問題來打擊父母，為的是要證明：「你幫不了我！」如果你的孩子接二連三地帶問題回來，使你感覺生氣了，可能就是一個徵兆，這時候也許你就要撤退下來。

還有的時候，青少年向父母表示氣憤，為的是要把父母引入權力的競爭中，或是要跟他們角力以求公正。這時候，越採用反映式傾聽就越加強這種不良行為，衝突反而更嚴重。可是，反映式傾聽有時也會就此結束一場權力競爭，把親子關係由對立轉化為合作。只有你才了解自己的子女，以及你自己的極限，你要自己決定這時是不是傾聽的時候，還是要等到心情比較穩定的時候。

如果你決定此刻不是時候，要退出來，就說：「你現在好像很生我的氣，如果要現在談，我覺得事情一定會更糟，所以我打算等到我們都平靜下來的時候再談。」這個過程不是要你激怒他或懲罰他，也不是要教你怎樣避免衝突；退出的原因只是要避免無益的爭執和衝突，以免你們之間的關係更受傷害。這個過程應該是以互相尊重的精神來執行才對。

反映式傾聽法用得徹底又仔細的話，是一種很有用的技巧。多加練習，你就會變得熟練，你和青少年孩子之間就能建立起更開闊、更有效能的關係了。

復習與發想

問答題

1 「判定問題究竟是屬於誰的」為什麼重要？什麼問題算是屬於青少年自己的問題？什麼問題算是屬於父母的問題，請舉例說明。

2 在回應青少年的感覺這方面，父母在傳統上扮演著些什麼樣的角色？

3 在傾聽與回應的時候，為什麼肢體的語言和靜默，就跟說出來的話一樣重要？

4 反映式傾聽法是什麼？它跟直接告訴青少年說：「我知道你的感覺。」有何不同？它跟鸚鵡式的回話又有何不同？

5 反映式傾聽有什麼價值？為什麼把青少年孩子的感覺跟導致這種感覺的情況都講出來，是很重要的？

6 表達反映式傾聽的詞句有哪幾種？請盡量舉例說明。

7 開放式的反應和封閉式的反應有何不同？除本章舉的例子之外，請你再多舉幾個例子。

8 父母可以用哪些方法鼓勵青少年孩子分享心中的感覺？

9 關於反映式傾聽，有什麼要注意的事項？

10 就你的青少年孩子本身，你認為在什麼情況下用反映式傾聽法會特別有效？

本週活動

在和青少年孩子的溝通上，請練習使用反映式傾聽法。

【個人發展練習 5】發展一套描述情感的詞彙

下列是描述愉快和不愉快感受的詞彙。你的青少年孩子可能偏好其中的某些用詞，請於每個詞之後，盡量寫出同義詞。把擴增出來的整張詞彙表，利用在對青少年的反映式傾聽上，使你的用字更豐富，也更能準確地表達出青少年的感受。

表達不愉快的詞語	同義詞	表達愉快的詞語	同義詞
壞		被接納	
害怕		被讚賞	
生氣		勇敢	
無聊		能幹	
枯燥		舒適	
困惑		有同情心	
挫折		有志氣	
失敗		肯定	
不被愛		高興	
失望		好	
厭惡		感激	
尷尬		重要	
愧疚		有興趣	
傷心		被愛	
冷淡		愉快	
無足輕重		輕鬆	
被排斥		榮幸	
悲傷		鬆了一口氣	
猶豫		滿意	
不自在		自得其樂	
難過		驚喜	
不公平		有愛心	
震驚		信任	
被瞧不起		奇妙	

要點提示

1 要決定怎麼回答青少年孩子之前，先考慮他有什麼目的，然後再看這個問題是屬於誰的。

2 要決定問題是屬於誰的之前，先問：「這個問題有沒有干擾到我的權益和我的責任？有沒有牽涉到青少年孩子或別人的安全？」如果答案是「沒有」，那麼這問題就不屬於你。

3 傾聽是要協助青少年解決問題的第一步，因為這表示父母關心他，願意幫助他澄清心中的感覺和意念。

4 要有效地傾聽，就要避免嘮叨、批評、威脅、說教、逼問、嘲笑或空洞無憑的保證。

5 有效的傾聽，是對於語言表達和非語言的肢體動作都要會「聽」。

6 要確定你回應的時候，非語言的表情、態度等都表達出你的關注和了解。要放鬆，也要有關注的表情。

7 反映式傾聽有如給他一面鏡子一樣——要反映出他的感受，還有造成他這種感受的情況。

8 你的回答要帶有揣測的語調，不要表現出「無所不知」的樣子。

9 開放式的反應會鼓勵進一步的溝通，它表達了對方確實的感受以及造成這種感受的情況，跟對方所要說的話相符。

10 封閉式的反應會使溝通中斷，因為它加入了自己的詮釋和批評，也沒有真正體會到對方的感受。

11 鼓勵你的青少年孩子與你溝通：

● 猜測他的非語言訊息（也就是看他的表情來猜他的感受）。

● 問他對事情的意見。

● 以身作則。

12 遵行反映式傾聽法中的「應該」和「不應該」的事項：

● 應該實驗練習反映式傾聽法。

● 不應該強迫青少年分享他內心的感受。

● 應該回答得越中肯、越準確越好。

● 不應該詢問他太多問題。

● 應該花時間仔細聽他說。

● 不應該覺得非要做個完美的反映式傾聽者不可。

● 應該也反映愉快的感受。

● 不應該過度使用反映式傾聽。

改善親子關係的計畫（第五週）

●我特別關切的事：

●我通常的反應：

☐談論，訓話　☐處罰，羞辱

☐抱怨，數落　☐放棄不理，因為太灰心

☐生氣，怒吼　☐運用權力取消特別待遇

☐嘲諷，挖苦　☐其他：

●我本週的進步情形：

	改進	退步	未變		改進	退步	未變
我了解他行為的目的	☐	☐	☐	從衝突情境中退出	☐	☐	☐
基於互敬的原則，發展我們之間的平等關係	☐	☐	☐	表達對他的疼愛和正面的感受	☐	☐	☐
給予鼓勵	☐	☐	☐	安排民主的家庭會議	☐	☐	☐
更有效地表達訴諸情感的回應	☐	☐	☐	適度地修正對孩子的訓練方法	☐	☐	☐
嘉許他的良好行為，也讓他學習負起責任	☐	☐	☐	給他選擇的機會，以避免訓練發生困難	☐	☐	☐
傾聽他說的話	☐	☐	☐	行動堅定，態度溫和	☐	☐	☐
不抱怨也不責怪的把自己內心的感受說出來	☐	☐	☐	不是我的問題，我不攬在身上	☐	☐	☐

●我學習到：

●我計畫改變我的行為，方法是：

1.

2.

3.

6

溝通：
探索與表達

運用「我」的訊息和反映式傾聽法，讓青少年感到被尊重，尋求用合理的角度來處理問題；探索多種選擇其一是幫父母協助青少年面對問題，其二是幫父母學會如何協商解決和青少年之間的衝突。

前面幾章中，我們討論到青少年孩子有難題要告訴你的時候，應該怎樣傾聽。可是，如果有難題的人是你呢？有時候，問題不大，你可以姑且不去理會，過去就算了；可是你和青少年孩子之間確實還有許多問題，都需要一些有效的技巧才能解決——就是能「幫助你把感受陳述出來」的技巧，與他「協商」的技巧，還有一種稱為「自然而合理後果法」的管教技巧。

在本章裡，我們要討論的是青少年孩子的行為如果惹你生氣或難過的時候，要用什麼好方法來跟他溝通你的感受。探索多種選擇的情況，不只可以解決問題，也可以幫助你跟青少年共同協商雙方都同意的解決方法。

青少年為什麼不聽我們說？

「我叫你整理房間已經叫了五次，你真的太懶了！」

「不要把大衣放在沙發上！要講幾次你才會聽呀！」

「電視關小聲一點！你沒看見我在講電話嗎？真不會替別人想！」

如果這些話是對著你說的，你會覺得怎麼樣？你會聽了就趕快合作嗎？這些都是貶低人的話，都是在責怪和罵人，都是在侮辱別人的智力。不但如此，這些話也是無效的，因為效果常常相反，不但得不到對方的合作，反而引起抵抗和叛逆。

我們在挫折和怒氣之下，都曾說過這一類的話，因為不知道怎麼辦才好，就隨口發牢騷。可惜我們這種不尊重青少年的牢騷話，只會引來他們的不敬和不合作罷了。所以，不要責怪，也不要指控，試試看用一種表達感受的方式來讓他知道，當你的權益受侵害的時候，內心的感受是怎麼樣。

看看前面舉的例子，倘若你是青少年，聽到媽媽說：「我叫你整理房間已經叫了五次，你真的太懶了！」請問，你會趕快去跟她合作嗎？又倘若她說：「叫你整理房間得要我叫那麼多次，我覺得很挫折，好像我說的話不算數一樣。」請問，以上這兩個訊息有什麼差別？請先思考片刻再繼續往下讀。

在第一個訊息中，媽媽是在罵你（太懶了），也在責怪你讓她覺得那麼氣；而在第二個訊息中，她只是把內心對這個問題的感受說出來而已，她沒有在責怪你，並且也對自己的感受負起責任（我覺得很挫折）。她尊重你，也信任你會跟她合作。

「你」的訊息和「我」的訊息

青少年不聽話或不合作的時候，可能是因為我們傳達的是「你」的訊息，而不是「我」的訊息。「你」的訊息是在貶低他們，是批評和責怪；這種訊息通常會激起怒氣、會傷人、會令人難堪，特別在青少年會引起自卑感。青少年會把「你都不會替別人想」或「你怎麼都不用頭腦」這類訊息當做自己是無價值的印證。父母用這種方式跟青少年講話，其實是在說：「都是你害我這麼難過！」是在責怪他們。很遺憾的是，許多青少年卻養成了聽這種話的習慣，好像等待著父母用這種話來提醒他們、批評他們，和責備他們。父母用這種方式跟子女說話，不知不覺就落入圈套，加強了子女所要達到的不良行為的目標。

「我」的訊息可以用來取代「你」的訊息。「我」的訊息只是把我們內心的感受和疑慮表達出來，而且信任青少年會尊重我們的感受。我們用「我」的訊息的時候，並沒有批評或責怪之意，也沒有暗示都是他「害」我們這麼生氣、這麼傷心或這麼挫折。用「我」的訊息我們就認定自己的情緒必須自己負責——我們能支配自己的感受，所以我們說：「我覺得好挫折。」而不說：「都是你害我這麼難過。」

為了說明「你」的訊息和「我」的訊息的差別，我們再看看前面舉過的例子：

「你」的訊息：

「不要把大衣放在沙發上，要講幾次你才會聽呀？」

「電視關小聲一點！你沒看見我在講電話嗎？真不會替人想！」

「我」的訊息：

「看見你的大衣在沙發上，我覺得真氣餒，我是很用心要把客廳整理好的。」

「電視聲音這麼大，我覺得好挫折。真的聽不見電話那頭在講什麼呢！」

你聽得出來「我」的訊息裡頭要傳達的尊重之意嗎？其中沒有命令或解決之方，但青少年孩子聽見了這樣的訊息，自然就知道該做什麼。避免給他解決之方，就是認定他是有智慧並且有意願要和你合作，這樣才是最尊重方式。

怎樣表達「我」的訊息

「我」的訊息的焦點是在你對青少年某種行為的感受，而不是對他這個人的感想。所以表達的時候，最重要的一點就是：對事不對人。措詞如果用「當……的時候」來開頭，就表示你是在他做出某種行為的時候才有這種不安的感受。比方說：「當我發現你又沒鎖門的時候」，「當我看到客廳裡到處是零食的時候」或「當你遲了兩個小時的時候」，都是針對他做的某件事而言，並無意責怪或打擊任何人。

接下來，就是把你對他這件行為的感受描述出來，例如：「我覺得真失望」「我很擔心」或「我覺得很憂慮」等。這裡的重點是：讓你覺得不舒服的倒不是這件行為，而是這件行為對他自己和對別人所引發的後果。比方說：女兒晚上比預定的遲了兩小時才到家，遲歸本身並不是你擔心的原因，而是想到可能發生的不測，才是你真正擔心的原因。你的感受是對她的遲歸可能的結果而生的：「你晚了兩個小時回到家的時候，我很擔心，因為怕你出了什麼事。」

「我」的訊息的表達有一個特殊的型式，要形成「我」的訊息，可以依據以下三個步驟：

(1)把困擾你的行為描述出來——只要描述，不要責怪。

「當我看到油箱都空了的時候……」

(2)說出你對這件行為可能導致的結果有什麼感受。如：

「……我覺得很著急……」

(3)然後把後果說出來。

「……因為再開車去加油，恐怕就趕不上我跟人家約好的時間了。」

簡單把說法列出如下：「當……的時候，我覺得……，因為……。」

「我」的訊息應用實例

請研究下列的問題與「我」的訊息：

問題：爸爸和欣雅原本要一起參加某個活動，出發前一分鐘，欣雅突然改變主意，決定要跟朋友出去玩。
「我」的訊息：我們原先約好的，當你臨時改變計畫的時候，我覺得很失望，因為我一直期待著跟你去參加這個活動。
問題：十六歲的理昂是早上最後一個離開家的，卻沒把門鎖上就走了。
「我」的訊息：看到門沒鎖的時候，我很擔心，因為怕會有小偷闖進來。

表達「我」的訊息格式不是一成不變的，你可以自行變通使用。比方你可以說：「我擔心門沒鎖，因為怕會有小偷闖進來。」總之，只要是表達你的感覺，對青少年的作為不帶批判，又說出這行為結果對你有什麼影響就可以了。

記得不要有責怪的字眼。帶責怪意味的句子總是用「你」字開頭，當然，要客觀說明孩子的行為，免不了要用「你」字，比方說：「你晚了兩個小時回到家的時候……」但這只是在說出事實，並不帶責怪之意。然而，仍然應該盡可能避免用「你」字，只要把煩擾自己的情況說出來就好。

還要注意的是非語言的溝通技巧。「我」的訊息是一種友善、敬重又誠實的方法，用來溝通心裡的感受，可是如果你說話的語氣和肢體的表情跟你說出來的話不相符，青少年聽到的不是你說的話，而是非語言的肢體動作所傳達的訊息。

有時候「我」的訊息也會直接只說出行為和結果，如「音響太大聲了，我聽不見電話裡頭的聲音呢！」「大衣放在餐桌上，我不能擺碗筷。」

表達感受的時候，小心措詞是很重要的。與其說「覺得好煩」，不如用精確一點的字眼，如：「我覺得很緊張」「我相當震驚」「我覺得沒有受到尊重」。凡是用論斷、評判他人的字眼，都可能把「我」的訊息轉變成「你」的訊息。例如：

「你」的訊息：

「你那麼的時候……」

「你給我帶來不方便的時候……」

「我」的訊息：

「我看到客廳地上有好多餅乾屑的時候……」

「我們訂好了計畫，你又臨時改變主意的時候……」

「我」的訊息提供了表達感受跟解決親子間共有問題的模式。有時青少年自身的問題，讓父母很擔心，也可以用這種方式來表達。例如：「你跟偉漢來往，我很擔心，因為他有可能帶著你去做什麼違法的事情，那就麻煩了。」又如：「你一下子吃了這麼多零食，我很為你的健康擔心呢！」雖然青少年可能不會因此而停下來，但是至少你已把愛、尊重和關懷都溝通出來了。還有強調你有信心，相信他們自己能做出合理的決定，也都是教他們負責任的好辦法。

氣憤的話無濟於事

「我」的訊息如果用氣憤的態度說出來，常常也變成「你」的訊息了。因為對青少年孩子的作為，你表現得很生氣，怎麼能讓他相信你沒在責怪他？一方表現了敵意，常就使另一方想防衛，這種情況一發生，雙方就更加敵對，一場爭執就一觸即發了。大吼大叫，用言語彼此刺傷，顯而易見是解決不了問題的。

當然，也有例外的情況。如果你跟青少年孩子之間有著開放而坦誠的關係，「偶爾」的生氣是很有效的。可是如果把你的「我」的訊息說成「我覺得很生氣」，也是行不通的，因為你生氣就表示在責怪他們，前面加上「我覺得」也沒用，他還是當成在指控他。

那麼，你的怒氣和敵對的感受，要怎麼處理呢？可以參考第3章裡關於不合理的感受、不正確信念的處理法。別忘了，你的怒氣會加強青少年想要權力、想要報復的目標。怒氣很少單獨產生，通常是伴隨著擔心、挫折、憂慮和失望、恐懼等情感而來，如果你學會把這些情感表達出來，而不要表達怒氣，就把你對青少年孩子的尊重和關懷溝通出來了，青少年也會因此比較願意跟你合作。

請看以下的一個例子：假如兒子答應你，一放學就回來幫忙你準備晚上家裡請客的事，結果他比平常該到家的時間晚了兩小時才回來，你感覺如何？可能就是懊惱生氣——因為你怕時間來不及，怕客人來了東西還沒準備好。可是，你不也覺得失望，而且又擔心、又焦慮、又急躁嗎？這些情緒也許才是導致你生氣的主因。你越覺得擔心、急躁就激發越多的怒氣。你的兒子若這時走進門來，請問，就算你一股氣對他發作出來，對事情有幫助嗎？要是你把導致你生氣的情緒表達出來，會怎麼樣呢？「你說要早點回來幫我的忙，結果晚了兩個小時，我覺得被忽略了，又很著急，我是需要靠你幫忙才做得完的。」這樣，你和往常的表達方法有所不同，也遏止了自己的怒氣，就比較有可能得到他的幫忙。

當然，有時候你還是會不小心一時口快，說出了氣憤的「你」的訊息。這種情形發生的時候，就直截了當地道歉，為自己的錯誤負責：「對不起，我發火了，不過我正在努力改進我的壞脾氣。」還有的時候，你覺得他實在有必要了解你的挫折、惱怒或受傷的感受，那麼，我們建議你用一張條子寫下來，因為用文字寫下來的時候，怒氣就比較消緩，你也比較能避免因措詞不當，而導致不必要的衝突和問題。寫出來的感受因為經過了思考，所以能表達得更清晰，青少年孩子讀了，也比較有時間思考這個情況，並能決定應該怎麼做。所以，冷靜下來以後，把條子放在他一定會看見的地方。語句要尊重，也要讓他有機會跟你談論這個問題。例如：

今天早上我進廚房，看見水槽裡還滿是昨天沒洗的碗盤，我覺得很生氣，因為這已經發生好幾次了。我們不是已經約定好星期二跟星期四的晚上輪到你洗碗嗎？如果你覺得這樣安排不好，我也願意跟你再重新調整，只是我覺得每晚都是我負責洗，也是很不公平的，我們一定要再談一談。

表達「我」的訊息應注意的事項

說「我」的訊息的時候，也要準備聽他要講的話。青少年可能回答說好，他會注意，也可能會以他的「我」的訊息回答你。這時你就要改變方向，改用反映式傾聽的技巧了：

爸爸：我看到電話費帳單上有你打給安安的國際電話，覺得很吃驚，我以為你要打這種電話都會先問問我的。

望文：你都能打國際電話給別人，我為什麼不能呢？

爸爸：叫你要打之前先問我，你好像覺得很委屈啊？

望文：就是啊！再說我也不過只打過兩次給她，有什麼大不了呢？

爸爸：你覺得我反應過度，所以生氣了。
望文：就是啊！
爸爸：我了解你為什麼生氣，可是國際電話一通通加起來，電話費就貴了很多，我很擔心呀！
望文：好吧！那我就自己出錢付好了。
爸爸：我很高興我們把這件事情處理得很好。

在這個例子裡，這位父親立場很堅定，可是對兒子說話的態度卻是尊重的。當然，並不是每個問題都能這麼容易就解決的，然而，有技巧地應用「我」的訊息來表達你的感受，加上用反映式傾聽的方法來回應他的感受，許多潛在的衝突都會因此而避免了。

(1)不要過度使用「我」的訊息。「我」的訊息雖然是影響青少年很有效的技巧，可是如果每次他做了什麼我們不喜歡的舉動，我們就用「我」的訊息來處理，很快就會讓他厭煩了。所以有時候在他可能預料你會說的時候，最好就故意忽略掉。

就像反映式傾聽法一樣，「我」的訊息有時候也反而會增強青少年的不良行為，結果把親子之間的關係卡在權力的爭鬥上。如果有這種情形發生，最好是等到雙方不在衝突中的時候再談。請記得，青少年做了某個不良行為的時候，就知道父母一定會有話說，如果你這時候決定保持沉默，另選時間再跟他表達「我」的訊息，這就是他所料不到的了。

要讓青少年和你合作，簡單的請求常常是很有效的方法：

「今天晚上你可不可以替我洗碗？」

「如果你可以幫我帶妹妹去圖書館，那可真幫我一個大忙了。」

請記得，你提出請求的時候，就是給他有說「不」的權利。我們建議你要給他這種權利，因為這表示你尊重他，他就比較樂意跟你合作。如果他答應了，可是沒有實踐，用「我」的訊息來表達你的感受，也還會得到他的合作。

(2)也要用「我」的訊息來表達正面的感受。把愉快的感受表達出來也是很重要的，別不好意思！

「謝謝你把院子整理得這麼好，看起來好清爽噢！」

「昨天我太忙，謝謝你替我照顧爺爺，真的幫了我一個大忙。」

這些愉快正面的感受，你要慷慨地表達出來，青少年孩子需要知道他們也能對家裡有重要的貢獻。

有時候雖然你把「我」的訊息說得再好，青少年孩子也不理不睬。這種事情發生的時候，就得要再探索多種選擇了。

表6-1 有效溝通的決定：反映式傾聽與「我」的訊息[1]

情境	問題屬於誰	反映式傾聽	「我」的訊息
青少年為了沒有被邀去參加聚會而難過。	青少年	你覺得好像被排擠了，因為他們沒邀請你是不是？	
青少年開車出車庫的時候，倒車倒得太快。	父母		當我看到你以那麼快的速度倒車出車庫的時候，我覺得很害怕，因為萬一不小心傷到人就糟了。
青少年本來要在開學之前拆掉牙套，可是醫生囑咐還要再兩個月才能拆。	青少年	你本來以為開學前就可以拿下來，沒想到還要再等一陣子，你一定很失望吧！	
青少年邀朋友來家裡玩，為了表現自己，對父母談吐不敬。	父母		（朋友離開以後）當你對我用不敬的態度說話的時候，我覺得很受屈辱，因為我跟別人一樣，都希望受尊重。

1 本表說明問題情況，讓父母看出問題是屬於誰的，並決定是要用反映式傾聽法，還是要表達「我」的訊息。

問問題的藝術

只有運用「我」的訊息和反映式傾聽法，還是不完全能有效地溝通，因為這些方法只是在讓青少年感到被尊重，在尋求用合理的角度來處理問題，至於問題或衝突本身還是沒有解決。這時候，父母可能就要決定探索多種選擇了。

探索多種選擇有兩個好處：其一是幫父母協助青少年面對問題，其二是幫父母學會如何協商解決和青少年孩子之間的衝突。如果會用有效、尊重的方法來問問題，就是找到了探索多重選擇的方法。

問問題，就像回答別人的話一樣，也有開放和封閉的差別。封閉式的問題，通常要聽者回答「是」或「不是」，甚至有一些封閉的問題，是要回答者同意你的看法。如：「你認為……嗎？」想要的回答是「不」；而「你不認為……嗎？」想要的回答則是「是」。此外，「為什麼」類的問題也可能是封閉的，如：「你為什麼要這樣呢？」通常是要回答者提出一個自衛或合理的解釋，因為這樣的問題本身就像在指控對方是錯的。其他封閉式的問句也常用「是不是」來開頭。

而開放式的問題，則經常是用「什麼地方」「什麼時候」「什麼事情」「誰」「哪一個」「怎樣」等詞來問的，這樣的問法比較能使對話繼續下去，因為父母問的只是事情的真相，是為了要幫助子女需要先明白的實情。如：「你想先找哪一類的工作呢？」「他哪一方面是你喜歡的？」「你對這有什麼感想？」

然而，並不是所有用「什麼」「哪裡」「誰」「怎樣」等這種用詞的問題都是開放式的問題。你說話的口氣、態度、表情和用意等，更是開放或封閉的關鍵。不要以為你只要用這樣的問法，他就一定會跟你推心置腹了。

以下有幾個例子，是如何把封閉式的問題轉變成開放的：

封閉式：你的那篇報告還是有困難嗎？
開放式：你那篇報告進行得怎麼樣了？
封閉式：你為什麼不乾脆用××方法呢？
開放式：你覺得哪一種方法對你比較管用呢？
封閉式：你為什麼跟老師合不來呢？
開放式：老師是有什麼事讓你覺得這麼困擾呢？

當然，問了開放式的問題也不見得他就會願意懇談。比方說，你問他：「事情進行得怎麼樣了？」他就只輕描淡寫地一聲「還好啊！」或「還可以。」這時候，你就可以再問：「哪一方面還好？」或「什麼情況還可以？」他再回答的時候，你就可以查明到底孩子真正的感受如何，或只是在敷衍你。而問「什麼」比問「怎麼」好，比方說：「事情進行得怎麼樣了？」不如問：「××事情現在有什麼進展了？」

再看封閉式的問題，其實也不是都無效的，有些還是一定要問的呢！你想要明白他到底想不想談某個問題，就應該問：「你要不要談一談這個問題呢？」你需要明白他想不想探索多種選擇，就應該問：「你想不想談談還有沒有別的辦法可以解決這個問題的？」他的同意和參與也是很重要的，你可以問：「你願不願意……」「先看事情怎麼發展，我們星期五再談一談好嗎？」此外，問「為什麼」也可以用來探索他人的動機，例如：「你有沒有考慮到她為什麼這樣做呢？」

在和青少年討論如何解決某個困難的時候，就要把問問題的次數減到最少。除非你是要了解這個困難的實情，否則不要問問題，非問不可時也最好問開放式的問題。

最後的一個重點是：如果你已經有足夠的資料來了解某一個情況，就切莫「明知故問」。例如，青少年孩子明明看起來、聽起來都似乎很傷心，就別問：「你覺得怎麼樣？」反映他的感受才是比較有效的。如果你說：「今天你看起來很消沉呢！」比較有可能打開溝通的管道。

青少年的問題：探索多種選擇的步驟

探索多種選擇並不是變相給他忠告和指導，也不是在替他解決問題。因為你要給他忠告和指導，他不一定願意接受，青少年常把父母的忠告指導視為意圖要控制他們，何況這也會養成青少年依賴父母給他們答案。探索多種選擇是幫助青少年面對難題，並想出可能的方法來解決難題。這裡我們提出五個步驟：

(1)了解並釐清這個問題。用反映式傾聽的技巧來使青少年孩子感覺被了解、被接受。開始先界定難題所在，用開放式的方法問問題；如果你覺得需要更清楚了解這難題，在談話中就要再反覆回到這個步驟來，一直到你完全明白為止。

(2)用腦力激盪來探索多種選擇。一開始可以問：「你要不要看看有什麼可以解決問題的方法？」如果他回答「不要」，就要再回去第一個步驟。要表示你了解，並讓他明白下次他覺得需要幫助的時候，你還是願意幫忙。如果他回答「要」，就接著問他，對這個難題他有沒有考慮過要怎麼解決。鼓勵他盡量想各種方法——但不要批評他提出的方法，讓他自由地想出創新的解決方法，越多越好。想法沒有完全提出以前，不要給他任何的評語。

如果他提出的方法似乎可行，就準備進入第三個步驟；如果他提出的方法似乎都不可行，或者他根本就想不出方法，底下有幾個能刺激想像能力的策略：

●請他假設這個問題如果是別人的，他要怎麼替人解決。有的時候旁觀者清，自己陷在問題中反而想不出方法來。比方你可以對青少年孩子說：「如果瓊安有這個難題，你要叫她怎麼解決呢？」

●角色調換。叫青少年孩子扮演那位跟他有衝突的人，你則扮演兒子或女兒的角色，這樣，讓你有機會把各種選擇表現出來給他看。演完以後，問他對你的處理方法和他所採用的方法比較起來，覺得有什麼不同。

●給他建議。建議不是指導或忠告，後者是教對方怎麼做，建議只是提出可能的參考，讓對方自由決定是否採納。提建議要用嘗試的語氣，例如：「你有沒有考慮到……？如果……，你想會發生什麼事呢？」

(3)評估提出的各種選擇方案。所有可能的方法都提出以後，就要仔細地一一評估。你把所有提議的方法摘要說明，讓青少年孩子評估，問他：「你認為這個方法怎麼樣？」

(4)選出一個最適用的方法。問他：「你覺得哪一個解決方法對你來說是最好的？」讓青少年孩子自行決定。如果你想要確定他是不是真的對這個問題有完全的了解，還有他想出來的這個方法是不是真的確實可行，可以用開放式的問法，來澄清青少年選擇這個方法的理由。這樣一來，你已經把解決問題之道用以身作則的方法示範出來了，這樣的解決模式他是可以一用再用的，以後發生其他難題的時候，他就能依樣處理了。

如果你認為他提出的解決方法行不通，就幫他探討可能的後果。如：「你這樣做，會發生什麼情形？」也許你想提供意見給他，可以說：「這件事依我看來……，你覺得呢？」然後再引導他多想出一些別的辦法，激盪出更多的創見。可是，請記得，除非他想出的辦法帶有危險性，否則選擇權還是在青少年自己——畢竟難題是他的，後果也是他要承擔的。

(5)要真正力行，並預訂評估的時間表。想做和真正去做，差別很大。當我們聽到人家說：「我會盡量去做。」常常只表示他心裡想去做，或他覺得根本就行不通而已。在探索多種選擇之後一定要要求身體力行，可以請青少年孩子答應在某一段期限內，把同意的解決方法實行出來。通常由幾天到一個星期的期限，可以問他：「你願不願意採行這個計畫，一直到××日為止？」

其次，要訂下檢討的時間表。在日後的檢討中，如果他的計畫沒有成功，不要給他那套：「我不是早就告訴你了嗎？」讓他自己決定到底是要再繼續採用那個計畫？修改那個計畫？或是選用別的計畫？你們兩人可以決定要不要再討論一次，如果要，應該訂在什麼時候討論等。

要是約定實行的期限還沒有到，青少年孩子就抱怨計畫行不通，你可以說：「我們不是約好要進行到××才停嗎？可是，你自己決定吧。」很多青少年（連父母也一樣）都沒有耐性，對自己的期望又過高。請注意強調改變是一步一步來的，不是馬上就能立竿見影的。

要是約定的期限到了，請你不要先去提醒他，因為責任不在你。要是期限過了，他還沒提起要和你一起檢討的約定，你可以問他：「你是不是還願意談那件事呢？」

表 6-2 探索多種選擇的步驟

步驟	問題屬於青少年	問題屬於父母
1 了解並澄清問題。	聽起來好像人家笑你的時候，你覺得很受傷。他們笑你時你怎麼辦？你生氣起來的時候，他們又怎麼樣呢？	當你太晚才回家的時候，我都很擔心，怕你是發生了什麼事情。你感到很煩，因為覺得我保護過度了是不是？
2 用腦力激盪探討解決之道。	他們笑你的時候，你想有沒有什麼其他的方法來對付？	我們有什麼辦法能讓我不擔心，而你又能覺得自己有權管理自己？
3 評估所提出的多種選擇。	他們笑你的時候，你就跟他們一起笑，這個辦法怎麼樣？	如果你可能會晚回家的時候先打個電話給我，你覺得這個辦法怎麼樣？
4 選出一個最適用的辦法。	你認為哪一個辦法最好？用這個辦法，你想會有什麼後果？	我們兩個都同意這個辦法了，對不對？
5 要承諾實行，並預定檢討時間表。	要不要試試看跟他們一起笑這個辦法，看看他們會怎麼樣？他們可能對你這個新反應覺得很不習慣呢！你想不想試幾次？我們下個星期再討論結果好不好？	根據我的了解，如果你每次要晚十五分鐘以上到家，就得打電話讓我知道，那如果你在這種情況下沒打電話給我呢？你說怎麼處理比較公平？如果我一時口快說了生氣的話，又該怎麼處理？我們能不能試行幾個星期，再談談結果如何呢？

青少年的問題：探索多種選擇的實例

母親：你打工的情況怎麼樣？
瑞明：不太好。老闆很嚴，好像對什麼都不滿意。
母親：聽起來你好像很挫折的樣子，是不是因為她要求太高了？（第一步驟：了解並釐清問題所在）
瑞明：我再怎麼盡力，都還不夠好！簡直不知道該怎麼辦才對。
母親：不知道她到底要求什麼，使你覺得很困擾，是吧？
瑞明：就是嘛！可是如果我丟了這個工作，旅行計畫就泡湯了。
母親：你想不想談談要怎麼樣才能解決這個問題呢？（第二步驟：利用腦力激盪法來探索多種選擇）
瑞明：有什麼辦法？
母親：我還不知道，如果我們談一談，說不定會想出辦法來。你覺得怎麼樣？
瑞明：說不定。
母親：你看有什麼辦法呢？

瑞明：大概找別的工作吧！不過不曉得找不找得到。
母親：所以找別的工作是一個辦法，只是不確定能不能找得到，讓你覺得不太安心，是不是？
（第一步驟）
瑞明：就是啊！
母親：那，還有沒有什麼別的辦法呢？
瑞明：想不出來啊！
母親：你不是說，不知道老闆要的到底是什麼嗎？你要怎麼樣才能知道呢？
瑞明：不曉得。
母親：如果你的朋友敏玲有這個問題，你會建議她怎麼做呢？
瑞明：大概會叫她自己去問她老闆到底要求的是什麼吧！
母親：那你想如果你也這麼做，會不會行得通？
瑞明：大概吧！我也不知道。
母親：至少有這個可能性吧！
瑞明：大概有吧！
母親：好吧！你現有的兩個辦法，一個是找別的工作，另一個是問老闆到底她要求的是什麼。你看還有沒有別的辦法？

瑞明：想不出什麼別的了。

母親：那麼，我們就看看這兩個辦法吧！找別的工作，怎麼樣？（第三步驟：評估所提出的方案）

瑞明：恐怕找不到耶！

母親：好吧，你是覺得這個辦法行不通，那要不要去試試看問老闆到底她的要求是什麼呢？（第四步驟：選出一個決議）

瑞明：大概可以吧！

母親：你要怎麼去跟她談呢？（第五步驟：得到他的承諾，投入實行）

瑞明：我可以跟她約個時間，請她把要求我做的事都列出來。

母親：你要怎麼說呢？

瑞明：我也不太清楚。

母親：你不是說不知道她的要求到底是什麼嗎？如果你跟她解釋說你很想把工作做得好，希望她能給你一些準則呢？

瑞明：大概可以吧！

母親：你覺得這個辦法容不容易做？

瑞明：不容易。

母親：你願不願意試試看，看看事情會不會改變？（第五步驟）
瑞明：好啊！反正我又不會有什麼損失。
母親：那你要什麼時候跟她約時間談談？
瑞明：我明天就問她。
母親：跟她約談過以後，可不可以告訴我事情的結果？（第五步驟：預定評估的時間表）
瑞明：好啊！

瑞明的媽媽先是傾聽他的問題，也表達她對問題的了解。反映式傾聽的技巧鼓勵了瑞明和她一同想辦法，她採用幾個不同的技巧來刺激瑞明的思考：解釋腦力激盪的概念，得到瑞明的同意；請他假設這個問題如果是別人的，要勸人怎樣去解決。她建議的時候很小心，而且是在想不出別的辦法的時候，才給建議。為了表示了解問題，也不急於找出決議，她又回到第一步驟的反映式傾聽。也許她也可以建議瑞明跟她來個角色扮演，她演瑞明，瑞明演老闆。最後，瑞明的母親終於取得兒子願意投入實踐的承諾，知道他要怎麼做，也知道他什麼時候會去做，而且還預定了評估的時間。我們若預測瑞明和老闆的約談進行得很順利，瑞明和他母親在過幾天，自然也會談論到工作情況是否好轉了。

探索多種選擇的時機要拿捏得準。我們建議你採用反映式傾聽法，直到青少年孩子覺得能自在地跟你分享他的感受才開始。如果你不等他預備好，就一逕地探索各種選擇，就會好像你在窺探他的隱私了。要是他把感受源源本本地說出來，就表示他在對你開放，你也可以開始跟他一起探索解決的多種對策了。

就跟任何方法一樣，探索多種選擇也可能被誤用。青少年孩子可能會發現，有問題的時候能得到父母的注意、同情跟肯定，他們也會故意用這種解決問題的程序，來證明父母根本幫不了他的忙。如果有以上這種情況發生，當他提出問題來跟你分享他的感受的時候，你就要用慈祥但堅定的態度告訴他，只有他自己真正有誠意解決問題，你才願意參與這個過程。

你的問題：探索多種選擇的步驟

「我」的訊息的溝通可以解決許多父母與青少年孩子之間的問題，可是有時候卻行不通。這時候，你就要和他協商。前面所提到的五個步驟可以如下採用：

(1)了解並澄清問題。當擁有問題的人是你的時候，最好是找他閒著沒有其他事情的時候跟他談，而避免在你們鬧彆扭的時候談。用「我」的訊息，並且隨時準備用反映式傾聽的技巧；有必要發問的時候，要問開放式的問題。要讓他明白你是有心要和他達成協議，共同找出解決的方法。你若有錯，就要承認。

(2)用腦力激盪法來探索多種選擇。問青少年孩子他有什麼意見，對解決問題有什麼看法。跟他解釋腦力激盪的過程，並且你自己也要參與這個過程——畢竟問題還是屬於你的。可是你一定要讓他先表達意見，同時也要小心，不要對他的看法遽下評論；要把所有的意見一一寫下來。

(3)評估所提出的各種選擇。把寫下來的所有意見逐一過目，先問青少年他有什麼評語，然後才提出你自己的看法。用直接的語氣說：「我喜歡這個意見，因為……」「對這個方法我比較安心，因為……」把不適用的辦法一個一個刪除，只留下適用的。

(4)選出一個最適用的方法。這時候，選出一個你們雙方都覺得是最適當，也是雙方都同意實行的解決方法。簡單地問他：「你最喜歡的是哪一個方法？」當然提出的方法可以再修正，也可以組合地採用。

(5)要承諾實行，並預定檢討的時間表。把你們同意要實行的方法簡要地再說一次，問青少年孩子是否願意照著實行，然後表示你也願意一起配合。共同決定看你們要試行多久，並定下檢討的時間。

或許你也會想到：如果約定要實行，後來卻半途而廢呢？所以也有必要討論一下，如果不履行約定的時候應該要怎麼辦。你可以這樣提出：「如果因為某種原因，你不肯照約定實行，那我們要怎麼辦才公平呢？」青少年孩子可能聽到這些，就會斷定你是不信任他；這時，你可向他解釋這無關信不信任，只是要保證一下，好像買個保險一樣，減少意外的事發生。你也可以告訴他：「就是因為沒有人是十全十美的，連我自己也一樣，所以才有這個必要。」因此相對也要討論到，如果你自己無法履行約定的時候該怎麼辦，以求公平。畢竟雙方都要平等才能達成協議。

為了要確定雙方都了解彼此的約定，應該把內容寫下來，每個人在約定上簽字。這聽起來有點正式，可是我們發覺把約定寫下來這個方法很有效。

在跟兒女協商的時候，請記得以下這四點解決問題的基本原則：

(1)建立對彼此的尊重。在衝突中，常會因為不尊重對方而把合作的可能性都破壞掉了。如果你先主動對子女表示尊重，他就很可能回報你以尊重。然而，你當然先要自我尊重才行——你一定得下定決心，既不跟他對抗，也不放棄溫和但又堅定地和他共同找出可行的解決方法，才能建立起彼此尊重的關係。反映式傾聽、問開放式的問題、同時也跟他分享你的感受，這都是建立彼此尊重的好方法。

(2)針對問題的焦點。在親子關係的衝突中，真正的問題常常被忽略了，結果爭執的卻是無關緊要的小節，如：忘記該做的家事、晚回家、東西亂放等。當然，以上說的這些也是問題，但真正的爭議核心所在，卻是跟親子本身的信念和目標有關的——像想要贏，想操縱，想證明自己才是對的。所以要先澄清一下問題所在，問問自己：「難道我們之間的問題只不過是因為我們都想爭贏對方？我可不想犧牲你來證明我才是對的，我們還是想出一個彼此都能接受的解決方法吧！」

(3)認清並改變現狀。其實在衝突中，雙方也持有一個共同點，那就是：他們都想爭戰！可是人和人之間爭戰的目的不外乎是——我要改變你。而這是罔然無效的。因為要解決爭執只有一個辦法，那就是先改變自己，以達到要改善的情況，而不是改變對方。如果你願意改變，青少年孩子就很可能也願意改變。

(4)分擔做決定的責任。如果你和青少年孩子能共同決定要怎麼解決這個衝突，日後你們才會有合作的可能。青少年既然加入問題的討論和決定，也比較願意切身去履行。

你的問題：探索多種選擇的實例

父親：琪麗，有件事我想跟你談談。你講電話的時間太長了，我擔心的是，有時候我有電話要打，還有時候怕錯過了人家打進來的電話。（第一步驟：了解並澄清問題）

琪麗：我沒講多久啊！

父親：我說你講太久，你好像生氣了？

琪麗：對啊！難道我不能跟朋友講電話嗎？

父親：你想我是在說「不可以用電話嗎？」當然不是。我只是想跟你研究一下你我都能同意的方法，來解決這個問題。

琪麗：有時候我想用電話，你還不是也佔著用嗎？

父親：我猜我有時候也講太久了，這點我願意改善。你願不願意跟我想出一個我們都能接受的方法，來解決這個問題呢？（第二步驟：用腦力激盪來探索各種解決對策）

琪麗：我想可以吧！

父親：我們來腦力激盪一下，盡量把可能的方法都提出來，不論多奇怪都沒關係，但都先不要評論，一直到想盡辦法為止，你說行不行？（琪麗同意了。）你有什麼建議呢？

琪麗：你可以幫我裝一支我專用的電話。

父親：這是一個建議，我把它寫下來。還有什麼建議？

琪麗：我只能想出這一個辦法。

父親：可以把通話時間限為十五分鐘嗎？

琪麗：我不要。

父親：我們不是說好要把所有的意見都列出來，之後再來討論嗎？

琪麗：好吧！……我們為什麼不設定每個人只能在某一段時間裡打呢？我是說，除非是有人打進來，那就另當別論。

父親：我也把這一點寫下來，還有呢？

琪麗：想不出來了。

父親：那我們就一個一個討論看看吧！（第三步驟：評估所提出的各種方法）

琪麗和爸爸討論以上的三個辦法。琪麗想要有自己的電話，爸爸說只要她幫忙付一部分的電話費就可以。至於第二個方法——限制通話時間長度，琪麗還是不喜歡，所以就不考慮。第三個方法——規定每個人只能在幾點到幾點之間打電話，兩個人也同意這是可行的方法。

父親：這樣，有兩個辦法是我們兩個都同意的，一個是你有自己的電話，一個是在規定時間內才能用電話。你覺得哪一個好？（第四步驟：選出一個最適用的方法）

琪麗：我希望有自己的電話，這樣我們倆都能隨時用電話。

於是琪麗和爸爸決議，琪麗可以有自己的電話，可是她要出一部分的安裝費，還要付每個月自己的電話費（第五步驟：承諾實行），他們也訂出了她要付的金額（第三步驟）。至於預定檢討的時間表（第五步驟），在這裡已經沒有必要了，除非琪麗不肯付錢，或付不出錢來。要是有這種情形發生，結果可能是扣零用錢，停話直到她付錢再恢復，爸爸也可以什麼都不用管，任電話公司把線路切斷。

有時候，雙方都覺得可行的解決方法實在找不出來，協商似乎就失敗了。如果這種情形發生的時候，可以回到第二個步驟，再重新腦力激盪一次。或許你決定暫時先不要協商，等到雙方都把事情想清楚以後再談。如果問題緊急，需要即刻處置，而你們的努力協商都沒有具體的結果，這時你就只好自己先決定了。可以告訴孩子，你願意再找機會跟他協商，就說：「好像我們還找不到解決的方法，我只好先做個決定，過幾天我們再談一談，看看我們能不能達成協議。」還有可能，青少年根本就不肯和你協商，這時候，你也只能先自己做決定。

探索多種選擇是一項很有價值的技巧，對建立有效的親子關係很有助益。因為經過探討的過程，父母與青少年學習合作，青少年也學到解決問題的程序，以後對於解決他自己的問題，甚至對解決跟別人之間的衝突，或決定自己生命中的重要事項，都有幫助。

復習與發想

問答題

1 什麼叫做「我」的訊息？「我」的訊息與「你」的訊息有何不同？

2 在本章所舉出的「你」的訊息的範例之外，請舉出其他的例子。

3 構成「我」的訊息的三個步驟為何？這些步驟可以怎樣變通使用？

4 要怎樣使用「我」的訊息來表達你對事不對人的態度？為什麼把青少年的行為產生的結果說出來，比數落他的行為更重要？

5 為什麼說出「我」的訊息的時候，不能含有生氣的意味？做父母的要怎樣處理自己的怒氣？

6 探索多種選擇來解決問題是什麼意思？跟你直接給忠告和指導有什麼不同？

7 開放式和封閉式的問題有何不同？除了本章中所舉的範例之外，各請舉出幾個例子。

8 為什麼要求青少年去承諾實行解決方法是很重要的？為什麼不能只要求他「試試看」或「盡量去做」就好了？

9 還有些什麼特殊情況中，是你可以應用探索多種選擇來幫助你的青少年解決問題的？或者問題擁有者是你的時候，有些什麼特殊情況是你可以應用這個方法來跟他協商的？

10 解決問題的四個主要原則是什麼？

11 如果協商不成功，父母應該怎麼辦？

本週活動

1 練習表達「我」的訊息，也要隨時準備好反映式傾聽的技巧。

2 如果你認為青少年可以接受，請練習探索多種選擇來解決問題。如果你決定要用這個方法來協商解決你們之間的問題，請先想好以下四點：

- 何時要和他談？
- 要怎麼開始談？
- 你要讓步到什麼程度？
- 如果不能達成協議，你要怎麼辦？

【個人發展練習 6】明確表達「我」的訊息

請將以下的問題情況，用「我」的訊息的方式：「當……的時候，我覺得……，因為……。」寫下來，然後和下列的建議說法比較看看。

●問題情況

1 你發現兒子睡前在床上抽菸，他又常常有躺在床上看書的習慣，你擔心會有失火的情況發生。

2 女兒老是向你借吹風機去用，可是從來都不放回原處，你每次要用，都得到處找才找得到。

3 孩子在學校大量吃零食，回到家都不吃你辛苦做的晚餐。

●建議「我」的訊息的說法

1 我發現你在床上抽菸的時候，覺得很擔心，因為怕會引起火災呢！

2 找不到吹風機的時候，我覺得很挫折，因為花時間找，我上班會遲到。

3 我辛苦做了晚飯你卻不吃的時候，我覺得很難過，因為好像你並不在乎我費時費力準備的一餐。

好了，現在想想你和青少年孩子之間的生活中，適合用這種「我」的訊息來表達的情況，請舉出兩個例子。

情況一：

「我」的訊息：

情況二：

「我」的訊息：

要點提示

1 父母用「你」的訊息的時候，青少年可能不聽，因為「你」的訊息都在指責、怪罪和批判他。這種訊息可能會中斷溝通，並且加強不良行為的目標。

2 「我」的訊息用尊重的語氣來表達你的感受和關懷，不責怪也不批判。「我」的訊息期待青少年也對你回之以禮。

3 「我」的訊息要在孩子沒料到的時候說，以免他聽多厭煩，反而滿足不良行為的目標。

4 「我」的訊息的說法如下：「當……的時候，我覺得……，因為……。」

5 「我」的訊息如果用生氣的語調說出，也變成「你」的訊息了。

6 使用「我」的訊息的時候，有幾個要點：

- 發出「我」的訊息的時候，要準備隨時傾聽。
- 不要濫用「我」的訊息。
- 也要用「我」的訊息來表達正面愉悅的感受。

7 如果反映式傾聽和「我」的訊息還解決不了問題，就要探索多種選擇，讓父母與青少年雙方有機會尋找可行的解決辦法。不論問題屬於青少年或屬於父母，都可以使用這種方法。

8 封閉式的問話就是要對方回答「是」或「不是」，以「為什麼」開頭的問題也有可能是封閉式的，這可能把進一步的溝通中斷了，因為被問的人會覺得你是在批評他。

9 開放式的問話是讓對方有多種可能的回答，通常是問「什麼地方」「什麼時候」「什麼」「誰」「哪一個」「怎麼」，這些問法不含批判，而且促進溝通。

10 探索多種選擇的五個步驟：

- 了解並澄清問題。
- 用腦力激盪法來探討各種對策。
- 把提出的各種選擇一一做個評估。
- 選出一個最適用的方法。
- 要承諾實行，並預定檢討時間表。

11 採用探索多種選擇的時候，請記住以下要點：

- 建立對彼此的尊重。
- 針對問題的焦點。
- 認清並改變現狀。
- 分擔做決定的責任。

改善親子關係的計畫（第六週）

●我特別關切的事：

●我通常的反應：

□談論，訓話	□處罰，羞辱
□抱怨，數落	□放棄不理，因為太灰心
□生氣，怒吼	□運用權力取消特別待遇
□嘲諷，挖苦	□其他：

●我本週的進步情形：

	改進	退步	未變		改進	退步	未變
我了解他行為的目的	□	□	□	從衝突情境中退出	□	□	□
基於互敬的原則，發展我們之間的平等關係	□	□	□	表達對他的疼愛和正面的感受	□	□	□
給予鼓勵	□	□	□	安排民主的家庭會議	□	□	□
更有效地表達訴諸情感的回應	□	□	□	適度地修正對孩子的訓練方法	□	□	□
嘉許他的良好行為，也讓他學習負起責任	□	□	□	給他選擇的機會，以避免訓練發生困難	□	□	□
傾聽他說的話	□	□	□	行動堅定，態度溫和	□	□	□
不抱怨也不責怪的把自己內心的感受說出來	□	□	□	不是我的問題，我不攬在身上	□	□	□

●我學習到：

●我計畫改變我的行為，方法是：

1.

2.

3.

7

責任感養成訓練

我們建議把紀律訓練當做是青少年孩子學習的過程，而不要看成是你要操控他的方法。你要提供的訓練是要能引導他自律，並培養他日後的負責和自立，才是正確的。

做父母最難之處莫過於對兒女的紀律訓練了。一般人都把紀律當做懲處的同義詞，但是，對我們來說，紀律卻是幫助青少年成長為成熟、獨立個體的方法。這並不是說我們要對青少年人採取某種行動企圖改變他，而是要利用一種有系統的方法來幫助他學習過一種負責任、有價值的生活。藉著提供無害、不會導致自毀的環境，按照諺語所謂的：「經驗就是最好的導師」來引導他。紀律包括預防與矯正兩方面，幫助青少年為自己的生命負起責任，為自己做決定，也由所做決定的結果中學習。

讓青少年學習做決定並為自己負責

就算你和青少年孩子之間的關係大致不是很良好，還是都能改善的，只要你和青少年雙方都學習尊重對方，就有改善的可能。首先，先要了解他為什麼反抗。通常青少年開始反抗，都是察覺自己跟父母是處於主僕之間的關係而蘊釀出來的。青少年竭力想建立自己的特色，期望別人用尊敬的態度來對待他；但他這種掙扎，在父母的眼中卻變成了威脅，好像兒女不再願意接受他們管轄了。這時候，父母常會用高壓的方法逼他就範，以維持做父母的權威。而在青少年這一方卻很氣餒，認為正面的爭取地位既然不奏效，不如用負面、不良的行為——也就是反抗、叛逆的行為來彰顯獨特性。

這個模式是可以改變的！只要對青少年用鼓勵的方法，就可以把反抗的火焰澆熄了。本章和下一章所提供的，就是如何用有效、互敬的方法來幫助青少年達成獨立自主的目標。

處罰是負面的、消極的，紀律卻不是。我們建議把紀律當做是青少年孩子學習的過程，而不要看成是你要掌權操控他的方法。你所要提供的紀律是要能引致他的自律，並培養他日後的負責和自立，才是正確的。

除了提供紀律訓練，父母對子女所要求的成熟與負責的行為表現，還必須親身示範才會有效。換句簡單的話說，就是要以身作則。譬如說，抽菸的父母如果擔心兒女也會抽菸，最好就要想辦法自己先戒菸再說；喝酒或服鎮靜劑的父母，也要警覺自己就是在示範毒品的使用。一定要先小心地克制自己，做出正確的選擇和判斷，對子女這方面的管教才有效果，正是所謂「言教不如身教」。

讓青少年孩子參與討論和決定的過程很重要，這是一種能增進他自尊自重的鼓勵方法。青少年如果自覺受到尊重，就沒有理由反抗和叛逆了；父母如果能容許他做選擇，他便會感到自立、受尊重，也會有責任感了。

你能提出什麼選擇給他呢？比如說，你可以給兒子一筆購衣經費，讓他替自己買衣服；你女兒打工賺來的錢，她可以自行決定該怎麼花用。青少年在學校要選修什麼課，要選什麼課外活動，要選跟什麼人做朋友，要選什麼休閒娛樂、什麼髮型，你都可以鼓勵他自己決定。家中他要幫忙做什麼家事，也讓他自己挑選；全家人要外出旅行，也讓他自己選擇要不要一起去等等。

只要是在青少年能力和安全範圍（還有不侵犯他人權益）之內，都可以讓他自己做選擇。這樣，你就是鼓勵他跟你合作了。請記住，無論如何，青少年總是不斷地做自己的選擇，畢竟父母又不是隨時都在他身旁啊！你對他的尊重對待能培養成熟、責任感和自重感。

獎賞和懲罰是無效的

獎賞和懲罰是過去專制時代留下來的產物，而且以前的人也不見得愛過這兩樣東西。根據過去的經驗，用這兩種方法來管教青少年並沒有什麼效果，現在更不用說了。這兩種方法都是在說：我對你是沒什麼尊敬可言的。如果青少年是以獎賞和懲罰的方法訓練出來的，最後就會變得依賴、恐懼、對自己沒有把握；他會覺得對自己的命運絲毫沒有掌握感。

獎賞是由地位尊貴的人賞給地位卑微的人，通常像是賄賂一樣，後頭附著一根繩子；好像在說：「你要是聽我的話去做，我就給你這件東西。」不過，我們別忘了，繩子是繫在兩頭的──下一次有同樣的情況，青少年就會說：「我會去做這件事，只要你給我那件東西。」獎賞到頭來真會演變成勒索了！

請想想以下的情況：孟莉十二歲的時候，每次父母請她幫忙除草，就給她一筆小錢；現在她已經十六歲了，請她除草，她就說：「我就拿除草公司的價錢好了。」孟莉學到的不是怎麼與家人合作，而是怎樣討價還價。然而，在生命中我們是應該學怎樣跟人合作，也不能期望無論做什麼事都有酬勞。也許，用獎賞和懲罰方法訓練孩子最大的害處是，他們學到的是一個虛假的價值，那就是：「如果沒有酬勞，什麼事也別做！」

父母通常都是因為找不到其他的對策，才會用懲罰的辦法。孩子有不負責任的行為，他們就批評責罵、打孩子，或剝奪孩子的某些權益，以示懲罰。這些懲罰的方式，都只教導了孩子一件事，那就是：權力至上，其他別的都不算數。這只會蘊育他們的反感跟反叛心。也許從你自己的親身體驗中，你就已經察覺到，青少年（不論是男是女）都不願對父母的打罵屈服。既然他自己也即將長大成人，那些在處罰中成長的青少年，就認為他們同樣也有權利可以處罰父母。

父母的目標無非是幫助青少年學會負責、自立，很顯然地，處罰如果在一旁等著，就不會有學習和成長。所以，我們確信用處罰的方法，青少年是學不到建設性、積極的行為的。我們建議，與其處罰，不如讓他經驗自己行為的後果——不論是跌破皮了，還是宿醉頭痛起不來等後果，都是讓他學習的機會。

自然和合理的後果

有的父母以為如果不用處罰和獎賞的方法，就只能任他去了——其實不然。我們在前面說過了，父母與青少年孩子之間最理想的關係，就是互相尊重的民主化關係，這種關係建立在平等互敬上，最為有效。然而，如何找到適當的方法來彼此合作、互相鼓勵，倒是一件不容易的挑戰呢！

要怎麼開始呢？集中注意改變自己吧！這是第一步。你要別人跟你合作，就要先跟別人合作；你要人尊重你，就要先尊重別人。對青少年孩子的朋友呢？你要別人怎麼對待你的子女，你也要怎樣對待別人的子女。你想要讓兒女明白的是：你把他當做值得尊重的個體來看待，也把他看成和你是平等的。

可是，如果有你需要介入來訓練紀律的情況發生時，怎麼辦？我們相信，最有效的過程就是容許青少年自己去體驗其自然或合理的後果。因為某種情況既然發生，如果沒有受到干預，本來就會導致某種後果。比方說，如果貪吃，就可能會發胖；如果上班遲到，就可能被扣薪水；如果你沒準時到機場，就趕不上飛機；如果你不付電費，遲早會被電力公司斷電。這些都不是處罰，每一件都是照著自然或社會法則產生的後果；只要犯了規，就有這種結果。請注意，這中間都是不含敵意的。處罰所引起的是一再的憤怒和反抗，自然和合理的後果給的是事實的真相，要忽略也難。

父母可以依據情況的需要，來應用自然或合理的後果法。所謂自然後果，就是違反生活中存在的自然法則，所產生的後果；比方說，如果青少年錯過了晚餐時間，自然後果就是得餓肚子。至於合理後果呢，則代表違反社會法則——也就是違反與人共處所需要的合作。如果你兒子錯過了晚餐時間，回到家他就得自己做飯吃，這就是合理後果。如果你跟他說：「你如果要做飯，就一定要收拾乾淨才行。」那麼，如果他沒有收拾乾淨，合理後果就是下次他再錯過晚餐的時候，就不准他做飯了。要讓合理後果發生，有一個常用的方法，那就是保持沉默。不要提醒他，不要說：「上學時間到了，快準備好！」父母只要什麼都不說，青少年自然會親自體會學習到，如果遲到了到底會有什麼合理後果。

親子三大衝突點：學業、交友、保持整潔

我們來看看這種紀律訓練方法如何用在一個實際的問題上：

志煌是個十五歲的少年，在校成績總在中等以上。現在上了高中，他參加學校的足球隊，又加入兩個課外活動社團，還跟班上一個女同學約會，過多的活動使他的學業成績明顯下降。他母

親開始不斷地提醒他要做功課，不斷地跟他說以前功課比起現在有多好多好，他再不努力就考不上大學等等。

讓青少年自己解決在學校的問題，的確是父母最難的挑戰之一。志煌的媽媽不斷提醒和嘮叨，到底有沒有用？志煌在學校的成績到底是誰的責任？他上大學的時候，媽媽還要陪著他去嗎？

我們的經驗是，父母如果讓青少年自己處理自己的功課和學業，雙方的衝突都會大大地減少。青少年的學業一旦不成為親子之間的問題所在，青少年通常自己就會擔負起自己學業的責任。因為很多青少年拿學業成績當武器來得到自己所要的，父母一旦不願站在衝突的陣線上跟他對抗，他就沒戲可唱了。當然啦！你也可以利用扣他零用錢、禁止他用車、禁止他出門、禁止他看電視等，來贏得幾場短暫的勝利，可是，你們之間的關係卻很容易因此變得緊張，以後要贏得他合作的可能性也會因此減低了。

要怎樣從這種學業衝突中退出來呢？只要跟他說：「我一直在為你的功課跟你過不去，現在我決定了，你的功課是你自己的事，應該讓你自己負責才對，所以我從現在起就不再替你檢查了，希望你好自為之。」說完之後，得說話算話，真的身體力行才行；也要準備好他回頭來試探你，看你是不是真的不干涉他了。他的學業成績很可能有一段時間會退步，作業可能沒做完，你絕不可以寄望有奇蹟發生，青少年必須嘗到種種的苦頭以後，才可能回頭來決定好好注意自己的功課成績。

還有一方面是父母最關心的，那就是青少年的交友問題了。青少年是有權利選擇自己的朋友的——當然，前提是這些朋友都沒有違法的行為才行，除此之外，父母不應該干涉孩子「應該」和誰交朋友的。交異性朋友也是如此，每個家庭都有各自的規定，要幾歲才能開始交異性朋友，和朋友出去最晚應該幾點回家，約會限定只能去些什麼地方等等。然而，青少年必須從這些交友的活動和結果中，才能經驗到他們到底想深交的朋友是怎麼樣的人。有的時候，結果是正面、愉悅的，青少年從這些交往中，找到合得來的益友；可是有的時候，他們也會經歷到傷心和痛苦，還有交到那些父母認為會「帶壞」人的朋友。雖然如此，這些經驗無論正面或反面，都能幫助青少年釐清自己的價值觀，幫助他們發現到底什麼朋友才是他們真正想交往的。

還有一個親子間的衝突來源，那就是青少年不收拾自己雜亂的房間，要他保持房間的潔淨簡直毫無辦法。為什麼不採用自然後果呢？房間太雜亂的自然後果，就是東西要用的時候找不著；要是房間髒亂讓你覺得很不舒服，就叫他把房門關起來。如果灰塵或難聞的味道從他的房間傳到屋子的其他地方，那麼，你的權益就受到侵犯了！這時候，你就要給他限定一個收拾打掃的時間，並且訂下如果沒有完成這件工作的話應該有什麼後果。舉例來說，如果你和青少年決定好星期六他要出去以前，應該把房間打掃乾淨，那麼合理的後果就是沒打掃好，什麼地方也不能去了。

然而，有的父母根本不能忍受青少年孩子的房間雜亂，如果你也是屬於這一類的，就要把這個問題當做是屬於你的。以下是一個解決的範例：

韓先生家有四個青少年孩子，各別是十八歲、十六歲、十四歲和十三歲。他對四個孩子說，如果清潔工來打掃的那天，他們沒把房間收拾好，他就會請清潔工替他們收拾和打掃，可是收拾的額外費用要請孩子們自己出。開始的時候，四個青少年只收拾了一點，還是需要清潔工幫忙打掃，所以他們就付了收拾服務費；連續幾個星期，他們付了幾次費用以後，就開始每星期收拾一次自己的房間了。

本章的稍後，我們會談到事務交易，如果你沒有請清潔工，也不容忍青少年的房間雜亂無章，就可以使用事務交易當做合理後果來處理。

處罰與合理後果法有何不同

處罰與合理後果法有以下六點不同：

(1)處罰強調的是個人的權威，是在下命令。例如：

母親：淑宜啊！把音響關掉，我們都要睡覺了！

合理後果是要表明社會秩序的實情，雙方都互相尊重，彼此承認對方的權益。例如：

母親：淑宜啊！我知道你很喜歡聽音樂，可是爸爸和我都很想睡了，你看看是要開小聲一點，還是關掉吧！

(2)處罰是武斷的，跟實情幾乎毫不相干。例如：

母親：好了，凱明，既然你沒準時回來，罰你兩個月都不准出去玩！

合理後果和行為直接相關。例如：

母親：既然你沒有按照我們所約定的時間回來，那麼表示星期六晚上你就不能出去了。（這是母子雙方事先協商過的——就是應該幾點回來，如果沒有準時回來應該有什麼後果等。可是，請注意，媽媽知道凱明預料她一定會說這句話，她就故意什麼都不說，一直到第二天事情過後，雙方都比較放鬆的時候才說。）

(3)處罰是對人的，而且隱含著道德判斷。它把做出行為的人和行為畫上等號。例如：

父親：你怎麼沒先問我，就把車子開走了呢？你這不是跟偷車賊一樣嗎？鑰匙還給我！罰你無限期的不准再開我的車！

合理後果不隱含道德判斷，行為的人和所做的行為之間不畫上等號。例如：

父親：既然你在還沒得到我的允許的情況下，就把家裡的車開出去了，我看你還沒準備好照約定的規矩來用車。明天你就不能用車了，後天你再試一次，看看能不能照約定的規矩來用車吧！

(4)處罰注意的是過去的行為。例如：

母親：不准在家裡開趴了，上次你們開趴把整個房子弄得亂七八糟，你那些朋友還有人喝啤酒呢！

合理後果所注意的是現在和以後的行為。例如：

母親：只要你們開完趴之後肯打掃乾淨，又保證沒人喝酒，就可以在家裡玩。

(5)處罰是把對方貶低，威脅觸犯者並用輕視的態度對待他。例如：

父親：在我朋友面前，你讓我那麼難堪，你真是不會替別人想！下次如果你朋友來，你等著瞧吧！

合理後果是在雙方都鎮靜下來的時候，以友善的態度來要求的，暗示的是善意。例如：

父親：既然我朋友來的時候，你不肯表現尊重的態度，下一次我再有朋友來時，我就只好請你留在房間裡了。

(6)處罰是要求服從。例如：

母親：你現在就給我把客廳收拾好！

合理後果是容許有選擇的。例如：

母親：出門前請你把客廳收拾好，你自己決定什麼時候收拾。

表 7-1 處罰與合理後果法的差別對照表

處罰

特徵	隱含的訊息	可能的結果
強調個人權威的力量，發號施令	照我說的去做，因為我怎麼說你就該怎麼做！我是老闆！	反叛，報復，無法自律，偷偷地做出不良行為，不負責任
獨斷 真相幾乎不管事實的	我來教你怎麼做！你活該！罪有應得！	嫌惡，報復，恐懼，混淆，反叛
暗示著對個人道德的批評 把事與人混為一談	這下你學到教訓了吧！你真是差勁！	情感受到傷害，恨意，罪惡感，有報復的慾望
擔心過往的行為	這都是因為你所犯的錯——我可沒忘記！你怎麼也學不會！	覺得無能做正確的決定，在父母眼中沒地位，不被父母接受
用責備和藐視來威脅 瞧不起他	你還是給我注意一點！我的孩子可不容許有這種行為！	想要抗衡，害怕，反叛，罪惡感
要求服從	你的心願我可不管！我不相信你會做出什麼聰明的決定來！	暫時勉強順服，等待機會再抗衡；信任與平等的關係破壞殆盡

合理後果法

特徵	隱含的訊息	可能的結果
傳達社會秩序的真相，認知互重和權利	我信任你能學習尊重自己，也能尊重別人的權益	能自律，能與人合作，能尊重自己、也尊重別人，靠得住
與不良行為有直接的關係；講理	我信任你能做出負責任的選擇	從經驗中學習
不含對個人的道德判斷；對事不對人，沒有人身攻擊	你是一個有價值的個體	學習到事雖然做錯了，人並沒有錯
關心目前與未來的行為	你能自己做決定，也有能力照料自己	變成有自我導向，能自我檢討
在父母和青少年雙方都平靜了以後才提出請求，暗示著善意	我不喜歡你做的這件事，但我還是愛你這個人	對父母向他所表示的尊重、慈愛和支持，覺得很有安全感
准許他選擇	你有能力做決定	做出負責任的決定來，漸漸增加處理事情的能力

合理後果的變質

除了以上所列的六點，來分清楚處罰與合理後果的差別之外，其他還有很微妙的態度上、情感上、行動上的差異，一不小心就可能把原來好意安排的合理或自然後果，轉變成處罰。下面所列的任何一項都會導致合理後果的變質：

(1)態度前後不一致。沒有人的態度是絕對前後一致的，因為我們都是凡人哪！可是，我們對青少年的態度還是要盡可能地做到前後一致。如果父母的態度今天霸道，明天縱容，後天民主，青少年就無所適從了。請想想以下這個比喻：如果一個講笑話的諧星，講了一個笑話卻沒有人笑，他一定立刻把這個笑話從表演中剔除掉；可是，如果偶爾也能博人一笑，他可能就會留著備用。青少年也是一樣，如果他想激怒父母、跟父母爭吵，而父母一概避開，使他無法得逞，他很快就會放棄這一招了；可是，如果有時候竟能惹怒父母，讓他如願得逞，那他大概以後還會一試再試。

(2)憐惜。過分保護的父母很不容易貫徹合理後果法，因為他們總憐惜孩子，捨不得青少年孩子受點苦。可是，憐惜是有害的，因為這等於在暗示說青少年自己無法掌握自己的生活；不但如此，父母一旦過於憐惜，青少年也就會因此覺得自憐，容易輕易放棄努力。

同理心和憐惜不同。有同理心的父母能了解也關心青少年心中的感受，對孩子需要體驗行為的後果，他們也很難過，可是並不憐惜他，因為他們對孩子從經驗中學習的能力具有信心。要用什麼態度來表達你的同理心呢？就說：「我很遺憾你做了這個選擇，可是我有信心你能把後果處理好。」

(3)太擔心別人會怎麼想。很多父母都會因為擔心親友、老師、鄰居等會不贊成這種作法，結果無法貫徹實踐合理後果。

十五歲的甄玲因為玩賭博性電玩，而被警察拘捕，並被羈留在派出所。所裡打電話給她父親，請他去領女兒出來。甄先生覺得讓甄玲在派出所待一夜可能對她更有警告效果，讓她學習到犯規的後果，所以他先跟派出所的主管打聽所內的情況，知道女兒安全無虞之後，就決定要等到第二天早上再去保她出來。甄玲的祖母知道了這事直說那太殘忍了，他怎能把女兒留在「監牢」裡呢？可是甄先生態度很堅定地跟她說：「我知道把甄玲留在派出所令你生氣，因為你認為這種經驗對她有害，其實我覺得這反而對她有益，我還是要貫徹我的計畫。」

甄先生冒著違抗母親的心意之險，做了這種選擇，是很需要勇氣的。但他知道為了女兒，他必須做最好的決定，不能屈服於別人的意願。這種決定正是做父母的必須承擔的。到底重要的是什麼？是培養自己青少年孩子的責任感重要？還是滿足別人的心意重要？

(4)話說得太多。青少年一旦有不良行為，父母的第一個動作是什麼？多是訓話！青少年本來就預料我們會喋喋不休講個沒完，我們越說，反而越加強他的不良行為了。其實，過分的訓話會促使青少年產生一種「父母聾」的「能力」，也就是根本聽不見父母說的話。這樣一來，既然孩子不聽，何必白費力氣說那麼多呢？

因此，青少年有不良行為發生時，就用行動來代替說教；只要情況不很緊急，就按照「沉默是金」的法則，等到雙方不處於衝突中的時候再談。如果情況緊急，需要你即刻的反應，說話的時候用字要小心，例如：「我怕在這裡打棒球會打到玻璃窗，你們看是要到遠點的地方，或是到公園裡去打吧！」

至於要決定什麼情況並不緊急，什麼情況才是緊急，就要憑你的誠實判斷了。大致說來，一般的不良行為，都可以不必即刻用言語反應；如果一定要說，就要簡短，否則說得太多很容易導致翻舊帳、威脅、暗示等具有破壞力的反作用。只要你設下合理後果，而青少年選擇了這樣的後果，你就要讓它發生（當然具有危險性的後果除外）。

(5)說話的時間不對。前面說過，大部分的事都可以等到雙方都鎮靜的時候再談，因為在衝突下談話，常會產生彼此情感的傷害，也達不到協議的效果。設立合理後果的時間很重要，應該是預先訂好——通常是在協商談判或家庭會議中制定的——這樣，你可以省下不少的口舌和精力。請看以下的例子：

在家庭會議中，十三歲的阿玲同意，每天晚上坐下來吃晚飯之前，要先餵狗。頭幾天，阿玲都記得餵了狗再吃晚飯，有一天晚上，她忽略了這件事，正要坐下來吃飯的時候，發現她的位子前沒有碗筷，她就站起來，自己到廚房去拿碗筷。她爸爸說：「阿玲啊！我沒放你的碗筷是因為你還不能吃呢！」「怎麼不能吃？」阿玲問道。「我們在家庭會議上同意的事，還貼在冰箱上呢！要不要先查看一下？」爸爸說。「噢！對了，差點忘了！」阿玲面露羞慚的樣子，立刻起來餵了狗才回到桌前用晚餐。

(6)感覺敵意並傳達敵意。合理後果的應用，一定要以堅定但慈愛的態度表達出來。如果傳達出來的是不耐煩、生氣、傷害的態度，青少年就會把合理後果視為處罰。請注意你自己選擇什麼用字、聲音語調、姿態、肢體動作、表情等等。請記得不論後果是如何合情合理，如果你的語調尖苛，態度高傲，青少年就會把這後果當做處罰來看待。

在第3章裡，我們談到過怎樣把你平常的情緒化反應，改變成不同反應的方法，來應付青少年的不良行為。如果你無法控制自己的敵意態度，無法把它排除在合理後果之外，那麼就再翻回到第2章，重讀一遍，並練習裡頭的建議。

(7)別有用心。有些父母一學到了這種自然合理後果法，就以為這是一個讓他們實現心願的「高招」了。他們提出的後果可能很合理，可是背後想要操控子女的意圖，對青少年來說，還是無所遁形的。同樣的道理，絕不要拿後果法來「整」你的青少年，要不然，與其用後果法，還不如先評估一下你報復的心態會給你帶來什麼不良後果。

(8)扮演偵探。孩子在家裡做出不良行為，而父母不知道誰是罪魁禍首，很容易就想扮演福爾摩斯，來偵察這個案件了。其實，父母不必跟孩子玩這種偵探遊戲，因為找出罪魁禍首雖然看起來很合理，事實上，卻是沒有效的方法。因為手足之間的競爭、比賽會因而加強，而父母和子女的合作力也會減弱。手足間的「好」孩子會繼續努力讓「壞」孩子看起來更壞，來維持自己的「好」形象；而「壞」孩子也會努力找「好」孩子的、甚至父母的麻煩，來取得公平。

杜萊克斯曾說：「把他們都趕進一條船裡去！」這樣手足之間就得學習合作划船，才不會都一起沉下去。這種方法看似不公平，可是，請記得，找出罪魁禍首來處罰，也只不過是犧牲「壞」孩子來增加「好」孩子頭頂上的光環，使它更亮一點而已。比方說，你回到家，看到地板上都是泥巴，就要孩子共同負起這個責任，不要聽誰說是誰幹的，也不要聽他們抱怨。你可以說：「我怎麼知道是哪個沒把腳底擦乾淨的？最重要的是，地板要保持乾淨，你們一起想辦法把它清理好吧！」

聽孩子告狀的父母，其實無意中就是在鼓勵手足之間的爭執。對付孩子的告狀，最好的方法就是沉默，儘管若無其事地繼續做你的事，別去理他，連一句：「我不聽告狀。」都不必說，因為你一說，就表示你聽了。孩子、青少年，都是會察顏觀色的，知道你不理，就不會自討沒趣再說下去了。碰到情況有危險的時候，孩子們自然會通報你，要你非聽不可的——別低估了孩子跟青少年的聰明程度，他們知道告狀和通報危險情況是有差別的。

(9)對人不對事。我們曾在前面說過，處罰是把做錯的事跟做錯事的人混為一談，這等於是說一個人做錯了事就算是壞人了。如果你在言談中表示孩子做錯了事就等於是壞人，請問你怎麼能期望他以後願意學好呢？他一旦認為自己是壞的，要怎麼決定學好呢？

我們每個人都有行為不當的時候，但這並不表示我們就是壞人；反之亦然，做的都是正當的事，也不表示我們就是好人。如果我們相信每個人基本上都是有價值的人，就會站在把人跟所做的事分開來談的立場上了。這時我們所用的字句，說話的語調、表情和動機，也就都能傳達出：「雖然我不喜歡你做的事，我還是疼愛著你。」這樣的訊息了。

應用後果法的基本原則

(1) 確定青少年的不良行為有何目標。不論他有什麼目標，父母都不必介入其中來使用自然後果法——因為自然後果會自然發生。可是，父母卻需要使用合理後果法，所以首先就要確定他不良行為的目標為何：

十四歲的培勇很愛笑鬧逗趣來自娛娛人，有時候他父母也蠻喜歡他這樣的搞笑，可是當家裡有客人的時候，就不然了。有天晚上，客人還沒到的時候，媽媽跟他說：「我知道你很愛笑鬧逗趣，我們也常常都覺得很好玩，可是今天晚上有客人來，搞笑就不對了。所以，今晚你要是決定要搞笑，我就只好請你離開餐桌，去坐別的地方了。」

培勇需要學習的是，什麼地方，什麼時候，他的幽默才能被人接受。而父母也要在他不鬧笑逗趣的時候給他注意力，也就是在他沒料到的時候也關注他。例如在他幫忙做家事的時候，向他表達欣賞和謝意，這樣他就不會只靠逗笑來得到他人的關注了。

青少年若是在尋求權力，我們建議讓他經驗「沒有對手」的合理後果。怎麼說呢？對付尋求權力者，最好的守則就是：從衝突中退出。例如：

婷怡每次要達到自己的意願，而父母反對的時候，總是能用生氣、用長篇大論指控父母對她不公平的方法，來迫使父母就範。有一天，婷怡的爸爸決定不要再受她這種擺佈，婷怡一開始生氣叫囂，他就走出門散步去了。這把婷怡搞糊塗了——沒有聽眾，她就不知道該怎麼辦了。

可是對尋求權力者使用合理後果法，來應付他的不良行為的時候，一定要小心。只能在不良行為很干擾人的時候，而且也非用不可的時候，才能使用，因為最好的治本方法還是傾聽，鼓勵，徵求他的意見和協助。

如果青少年心存報復，你要避免覺得受到傷害，更不可抱著也想報復的心意。應該把焦點放在建立彼此互相信任的關係上。以下是使用合理後果法的例子：

敦明的老師通知家長，說他在學校的成績很差，要家長注意。敦明的父母聽了，覺得又羞愧，又難過，因為他們都很看重孩子的學業成績，孩子也知道這一點。於是他們開始取消敦明的許多特權，脅迫他要在成績進步後才能恢復特權。可是，他還是毫無改進。父母覺得更難過、更挫折了，只好去找家庭諮商，請人輔導。諮商師指出敦明的學業差是為了故意要跟父母作對，而處罰對他也沒有效果，所以只有採取唯一的方法——把學業的責任放給他自己去挑，希望他好自為之，並且在親子之間的關係上力求改進。這樣完全不去理會他的學業，對父母來說真的不簡單，可是他們還是做到了，情況也真的慢慢地改善了。

不論用什麼方法來處罰，很少有達到父母所要的目標的，特別是青少年要尋求報復的情況下，更是行不通。合理後果也常被視為是處罰。比方說，女兒在跟你爭執得很氣憤的時候，砸壞了檯燈，那你當然要她賠償。不過在那個時刻，如果你提出要她賠償的挑戰的話，是很不智的，因為那只會引起她更想報復罷了。應該是在事情過後，你們兩個都冷靜下來的時候，才談起修理或賠償的事。因此，就像對付尋求權力的青少年一樣，對付心存報復的青少年也最好避免用合理後果法，除非他的行為真的很干擾你。而且就算你非用這方法不可，也要謹慎小心，盡可能地還是從改善你們之間的關係著手為上策——建立互信、互重、多鼓勵的良好關係。

合理後果法對那些表現自己能力不足的青少年來說，也是不宜的方法。他們的行為倒不是會干擾他人，因為他們是自我放棄的人；但是你要怎麼對他呢？不要放棄，不要批評，也不要憐憫他，但要經常給他合宜的鼓勵，著重在他會做的事，不要只注意他不會做的。一看到他有努力，有進步，就要讓他知道。集中在欣賞他的長處的時候，就是在幫助他重拾信心了。

以上的守則也可以應用在青少年找刺激、尋求同儕接納和表現優越感等不良行為目標上，因為這些也都是和青少年追求的四個基本目標一同出現的。例如：兒子在跟你出去的時候，故意在眾人的面前說粗話求刺激，其實他也可能是用這種方式來惹你生氣，讓你丟臉，而尋求他的權威感。這時候，你可以給他選擇，是要立刻改變他的用語，還是要等到改過之後才能再和你出去。

(2)決定問題是屬於誰的。如果問題屬於青少年自己的，自然後果通常會產生；只要後果不具危險性，父母可以不要干預。例如：青少年晚上熬夜不睡，第二天早上又要上學，那麼自然後果就是：第二天會很累。有時合理後果法也可以應用在問題屬於青少年的時候，例如：你女兒錯過了校車，她就得自己想辦法上學。

問題屬於父母的時候，合理後果便是很可行的了。例如：兒子同意要幫忙做某些家事，可是沒去做，你可以用事務交易的方法來當做合理後果。首先，拿出一張紙來，列出所有你替他做的事務，比方說：洗衣服、用車載他、提供他交通工具、清掃、做飯等等；然後取消某些項目，以交換他忽略的家事。那麼，平常你替他做的某些項目就變成他自己的責任了；例如，如果他要穿乾淨的衣服，就要自己洗。

這種方式能使你們不用處於衝突狀態之中，因為你可以輕易取消你平常替他服務的事務，而不必強迫他去做什麼事。事務交易對那些以故意忽略做家事來尋求權力的青少年，是很有效的。但是，絕不要用這種方式來當做武器，只能藉此來把做家事的責任分擔得公平而已。

使用事務交易的時候，要注意所交易的事務是否相等，否則，這就可能變成他想報復的原因了。你可以對兒子說：「如果你不願意去剷雪，那我就去剷了，可是你要洗自己的衣服。」問他覺得這樣公不公平。如果不公平，就說只要他願意遵守約定，你就願意跟他討論出一個比較公平的辦法。要是他沒有異議，就假設他接受你提出的交易，過了一、兩個星期以後看看，再檢討這個約定。

請記住，要跟青少年談事務交易之前，最好先建立你們之間的良好關係。在很多家庭中，做家事常常成為一個衝突的來源；要改善關係，家事並不是一個容易的出發點，最好還是給他家事之外的其他責任來鼓勵他。

(3)給他選擇的機會。使用後果法的時候，給他幾個變通的選擇，讓他學習做決定的能力。但是請記住，你既然給了他這些選擇，他所選的不論是什麼，都不能算是錯的，你一定要接受他所做的決定。

請看以下的例子：「客廳裡你放了好多東西，請收拾好，不然我只好統統收進箱子裡，擺進儲藏室。」「你要開慢一點，不然就停車，讓我來開。」如果選擇是很明顯的，你就不必逐字說得太費心。比方說你的青少年和朋友們在一旁笑鬧，你正在專心看電視，就可以說：「你們對這個節目都不像有興趣的樣子，如果你們想待在這裡就要安靜一點，我想看這節目呢！」又如果孩子的朋友到家裡過夜，可以說：「你們可以開趴，只要在十二點之後全安靜下來，就可以開。」而不必再加上「否則……」「要不然……」因為他們都已經很清楚了。

有些後果就只要表明你的個人意願而已。例如：「我叫吃飯只叫一次，如果不來吃，我就假設你不想吃，或者是覺得吃冷的也沒關係了。」「我只洗洗衣籃裡裝的髒衣服，沒拿來放的是你們自己的事囉！」

(4)要是青少年選擇了體驗後果，就要貫徹實行到底。如果青少年選擇面對後果，決定的就要做到；要是後來他們改變心意了，還是應該給他們改變的機會。例如：像你在看電視，他們在旁邊笑鬧的情況，你給他們選擇是要安靜還是要離開房間，他們可能會靜了一會兒，然後又吵鬧起來，這時候你就要貫徹所說的後果，但要給他們有改變決定的機會；你可以說：「我看你們是選擇要離開這個房間了，等你們能安靜的時候再進來吧！」

有時候需要延長給他重新做決定的時間，因為每次青少年不能合作的時候，其實只是他們對負責任還沒準備好罷了。譬如說，他們離開了一下，又回來看電視，在安靜片刻之後，又吵鬧起來了。你可以說：「我看你們還沒預備好來看電視，五分鐘以後，要是能安靜，你們再回來看吧！」如果這樣的不良行為再發生，就不要說什麼，只要告訴他們再試一次看看能不能合作，這一回等待的時間就要延長一些了，你可以說：「你們是打算這節目結束的時候再進來是吧！」

(5)慎用言詞。避免用「應該」「必須」「得」這些字詞，小心的說以免青少年把你的話當做輕視他的意思。比方說：「我早就跟你說過了……」就是不當的措詞，把焦點放在不良行為跟選擇上就可以。以下有幾個應用後果的方法：

「有兩種選擇，你是要……還是要……。請你決定。」

「你有一個選擇……。」

「我願意……。」

「我不願意……」或「我選擇不……。」

「對不起，可是……。」

「只要你肯……，就可以……。」

「如果有這種情況發生，我就假設你是決定要……了。」

(6)不良行為一經改正後，就要馬上集中注意力在他的正面行為上。在他做出正面良好行為的時候，也要趁機「逮住」它——因為這就是幫你把人和事分開的好機會。如果你孩子不問你就把車開走，你用合理後果來處理，同時也要注意到他的其他良好行為，並趁機鼓勵他；如他對弟弟妹妹很照顧，幫忙家中的事，在學校功課或運動表現良好等。

(7)只要有機會就跟他商量什麼才是合理後果。如果決定是青少年跟你一起商量出來的，他就比較願意去實行。討論問題的時候，你可以問他：「像這種行為，你認為要有什麼後果才算公平？」如果他不知道，可以問他，如果他身為父母，該怎麼做才好呢？青少年如果不願意一起商量後果，你可以自己下個決定；體驗過幾次後果之後，很多青少年就願意參與商量了——因為事關權益。

有時候商量並沒有必要，比方說問題很輕微，不必小題大作；也有時候，不良行為相當嚴重，選擇的餘地也很有限。然而，讓青少年參與商量不良行為的後果，機會很多，他參與得越多，你跟他越能發展出一種合作的關係。

凡是應用自然和合理後果法碰到困難的時候，就再把以上的守則過目一遍，再確定一下你設的後果是不是處罰，再確認一下以下的幾點：

● 你是否用開放的態度提供青少年選擇的機會，並且接受他的決定？
● 你的語調是否友善？

● 你設的後果對這不良行為確實是合理的嗎？

最後關於合理後果要注意的一點是：你或子女都無法實踐的後果絕不要去考慮，只有你用堅定而溫和的態度，確信你做得到的時候，才能用這個方法。而青少年呢？雖然有些勉強，還是願意接受，這個方法才行得通。

復習與發想

問答題

1 「紀律訓練」的定義是什麼？

2 與青少年有關的事，為什麼要他們參與決定是很重要的？你能給青少年什麼樣的選擇，來讓他感覺比較自立？

3 為什麼獎賞常常是無效的？父母若依賴獎賞，青少年學到的是什麼？

4 處罰為什麼通常無效？青少年從處罰中學到什麼？

5 什麼叫自然後果法？請舉出本章範例之外的其他例子。自然後果跟處罰有什麼不同？

6 什麼叫合理後果法？請舉出本章範例之外的其他例子。合理後果跟處罰又有什麼不同？

7 合理後果怎麼會變質而轉化為處罰的？

8 確定問題是屬於誰的為什麼重要？應用後果法之前確認青少年不良行為的目的又為什麼重要？不良行為一經改正後，就要馬上集中注意力在他的正面行為為什麼重要？說話的言詞用字又為什麼那麼重要？

9 你怎麼決定究竟要不要跟青少年孩子商量後果？

10 對本章中建議的後果，你有什麼看法？

本週活動

從你和青少年孩子的關係裡，找出一件困難的挑戰，來應用後果法。請選出你認為比較可能成功的情況來試試看。如果你用合理後果法，請在適當的時候，和青少年商量出什麼是雙方都能接受的後果。

【個人發展練習 7】提供選擇的責任感養成訓練

1 在本章開頭，我們建議你提供給青少年孩子一些選擇。你願意給你的青少年什麼樣的選擇，訓練他成為自立的人呢？把本章中提出而你認為適當可行的都寫下來，再加上你所能想出來的，都一一寫下來。

2 父母若不讓青少年做出有意義的選擇，就暗示著他們沒有能力做決定。可是青少年在很多方面，已經有足夠的知識來下決定，甚至於比父母還更了解。你認為你的青少年孩子在哪些方面已經比你更有知識的基礎，可以自己做決定的？

3 這個星期你要從什麼地方開始著手呢？把你上面所列的選擇範圍，和能做的決定都考慮一番，然後提出一、兩種選擇給你的青少年孩子。一旦他能勝任盡責，就能慢慢地擴大給他負責的範圍了。

要點提示

1 紀律訓練是一個學習的過程，包括預防問題和改正問題兩方面。

2 很多紀律問題，其實都可以應用「讓青少年在有限的範圍中做選擇」的方法來防範。青少年藉此也可以體驗怎樣操控自己的人生的各種層面。

3 如果要維持雙方的平等關係，獎賞與處罰的方法是很不當的。獎賞與處罰暗示父母的地位比較尊貴，容易引起青少年的排斥和抗拒。

4 以自然後果與合理後果取代獎賞和處罰，會讓青少年學到為自己的行為負責，能鼓勵自我鍛鍊。

5 「自然後果」代表違反自然法則所產生的後果；例如：青少年如果不吃中飯，他就會餓。而「合理後果」代表違反社會法則所引起的後果；例如：青少年出去約會沒有照約定的時刻回到家，第二天他就不能出去玩了。

6 合理後果必須是青少年孩子認為合理的才算有效，要提出來讓他選擇，並且用堅定而溫和的態度貫徹實施。

7 父母若有以下的情況，後果法就會變質無效：

- 態度前後不一致。
- 憐惜。
- 太擔心別人會怎麼想。
- 話說得太多。
- 說話的時機不對。
- 感覺敵意並傳達敵意。
- 別有用心。
- 扮演偵探。
- 對人不對事。

8 用後果法的時候，請遵照以下的基本原則：

- 確定青少年的不良行為有何目標。
- 決定問題是屬於誰的。
- 給他選擇的機會。
- 要是青少年選擇了後果，就要貫徹實行到底。
- 慎用言詞。
- 不良行為改正後，就要馬上集中注意力在他的正面行為上。

●只要有機會，就跟他商量什麼才是合理後果。

9 你或子女都無法實踐的後果，絕對不要考慮。

改善親子關係的計畫（第七週）

●我特別關切的事：

●我通常的反應：

☐談論，訓話　☐處罰，羞辱

☐抱怨，數落　☐放棄不理，因為太灰心

☐生氣，怒吼　☐運用權力取消特別待遇

☐嘲諷，挖苦　☐其他：

●我本週的進步情形：

	改進	退步	未變
我了解他行為的目的	☐	☐	☐
基於互敬的原則，發展我們之間的平等關係	☐	☐	☐
給予鼓勵	☐	☐	☐
更有效地表達訴諸情感的回應	☐	☐	☐
嘉許他的良好行為，也讓他學習負起責任	☐	☐	☐
傾聽他說的話	☐	☐	☐
不抱怨也不責怪的把自己內心的感受說出來	☐	☐	☐

	改進	退步	未變
從衝突情境中退出	☐	☐	☐
表達對他的疼愛和正面的感受	☐	☐	☐
安排民主的家庭會議	☐	☐	☐
適度地修正對孩子的訓練方法	☐	☐	☐
給他選擇的機會，以避免訓練發生困難	☐	☐	☐
行動堅定，態度溫和	☐	☐	☐
不是我的問題，我不攬在身上	☐	☐	☐

●我學習到：

●我計畫改變我的行為，方法是：

1.

2.

3.

8

選用最合適的處理方法

當出現紀律問題時，反映式傾聽法、「我」的訊息、探索多種選擇與自然而合理的後果等四種方法，都可以積極、有效地應用。還有，別忘了：鼓勵才是所有方法中，最主要的成分！

到目前為止，我們提出了四種改進父母與青少年關係的方法，包括：反映式傾聽、「我」的訊息、探索多種選擇以及自然與合理的後果。不論你用的是什麼方法，或是聽，或是講，或是商量，或是應用後果，都要含有鼓勵的態度！鼓勵能預防許多紀律的問題。比方說對事不對人的態度，堅定而溫和的態度都帶有鼓勵性，這些技巧能幫助青少年感受到，雖然他們的行為有缺失，但是他這個人還是被接受的。如果不含有鼓勵的態度，不論你決定用任何一種方法，都只有失敗這一種結果，原因是青少年不覺得受你的尊重。

如果以廣義的角度來看，紀律就是要建立秩序、維護彼此的權益和互相敬重，我們可以發現，這四種方法其實都是在激勵青少年培養責任感。當我們傾聽的時候，就是在幫青少年感受我們能了解他，也是在幫他澄清困擾他的問題。「我」的訊息不但是用非批評的態度來跟他溝通我們的感受，也是在告訴青少年，我們相信他是能尊重這些感受的。青少年面對問題不知如何做決定的時候，我們幫他探討可能的解決方法；而我們對他的行為不贊成的時候，也能用這種技巧來跟他商量。至於自然與合理後果法則一方面可以協助我們糾正青少年的不良行為，另一方面也能激勵他的自我訓練。要有效應用這些方法，就要明白什麼時候該用哪一種方法，還有該怎麼用才好。

選擇最適當處理法的基本原則

(1)認出不良行為的目標何在。要選出最適當的處理法之前，首先要考慮青少年不良行為的目的何在。比方說，他的目的是尋求你的注意，所以一直拿問題來找你談；而你卻一直用反映式傾聽和探索多種選擇來處理，就反而在加強他的不良行為了。如果很清楚青少年無意解決問題，你卻一直用探索多種選擇來處理，那無異是在替你們之間的權力鬥爭火上加油了。其實，你一旦容許自己參與他的問題，就不免是在激發一場權力的衝突。請記住，關心和照顧子女是一回事，把有能力幫忙子女當做是你個人做父母的成功，又是另一回事！你的目的是在幫忙他自立，不是在表現你多麼能幹，請千萬別掉入跟孩子對立、衝突的陷阱裡去。

權力鬥爭和反映式傾聽是不能共存的。如果青少年跟你對立，你最好從衝突中退出，但不要用氣憤的態度退出；只要跟他說，等大家都平靜下來的時候，你再來跟他商量這個問題。

如果你的青少年有表現能力不足的傾向，你的反映式傾聽技巧就非常有用。反映式傾聽能幫助他澄清、了解他自己的感覺，而這種了解也能為你們後續探索多種選擇鋪路。當你們在探索各種對策的時候，可以問他：「你怎麼知道這個辦法行不通？」「你說做不到的意思，是不是說你沒辦法做得十全十美？」然後再鼓勵他一步一步地去處理這個難題。

「我」的訊息用來處理引起注意、尋求權力和尋求報復的情況，是很有效的。青少年要引起注意的時候，「我」的訊息常常是他沒有預料到的，他本以為父母一定又是很不耐煩地再提醒他、用好話勸誘他，沒想到父母卻把心中的感受跟他分享。當青少年的目的在尋求權力或報復的時候，你只能等跟他沒有衝突的時刻，才能說出這個「我」的訊息，否則，在衝突中，使用「我」的訊息只會加強衝突而已。請記得，你用「我」的訊息的時候，青少年也可能用他的「我」的訊息來回報你，要隨時準備聽他說。

有一點要注意的是：「我」的訊息很容易被濫用，有時候用得太多，反而惹惱青少年，不願意聽，甚至加強了他的不良行為。所以請謹慎地使用。要是「我」的訊息不管用，可能就要採用自然或合理後果的方法。就像我們在第7章裡提到的，這種處理法最有效的應用，是父母和青少年在一起，或是在家庭會議中，或是在閒談中，甚至彼此商量多種選擇的時候，就把自然或合理後果放在討論裡。可是有時候，問題太輕微，或問題太嚴重而選擇很有限的時候，連商量都不用了。要記得，如果青少年拒絕跟你一起決定後果，商量也沒有用。

以下是適用「我」的訊息與合理後果法的例子：

如果你正在整理帳目，你兒子和他朋友在隔壁房裡又笑又鬧，你就說：「我的工作需要專心，你們這麼吵鬧，我沒辦法工作呢！」他們停下來幾分鐘以後，又依然故我地吵鬧起來了，這時候，你就可以用合理後果法，給他們一個選擇，說：「對不起，我沒辦法專心工作，你們是要安靜呢？還是要到別的地方去？我工作做完的時候，再叫你們回來。」然後你就要貫徹諾言，他們若還是不能安靜，就說：「我看你們是決定要到別的地方去了；如果你們想回到這裡，一個鐘頭以後，我工作做完了，你們就可以再回來。」

不論青少年行為的目標如何，自然後果法通常都適用，因為不需要特別的安排，你放著不管，自然後果就自然會發生（當然危險的情況除外）。比方說，你十七歲的女兒去跑趴，那裡有含酒精的飲料給客人喝，她就喝了一些啤酒，也因此喝醉了；自然後果就是，第二天醒來的時候，要忍受宿醉的頭痛和不舒服。如果青少年有愛喝酒的問題，靠自然後果是不夠的，而且合理後果又可能會使問題更惡化，這種時候，青少年就需要專業人員的協助了（第10章有更詳盡的討論）。

合理後果需要你的親身參與，而且對那些需要注意的青少年最為有效。至於那些要求權力或報復的青少年，可能把後果看做是處罰，所以應用的時候要小心。在這種情況發生的時候，只能在行為變得很干擾他人的時候，才宜用合理後果法來處理；最有效的還是由建立親子間的關係著手，也才是治本的方法。合理後果對那些表現能力不足的青少年是不適用的，因為他的行為不會干擾他人；這一類的青少年需要的是大量的鼓勵，請注意他任何的成果和進步，無論是多輕微的進步也要察覺出來，給他適當的鼓勵。

有一些不良行為是可以不去管它的，不去管其實就是在應用自然後果：青少年沒得到想要的結果，只好改變自己的行為來獲得注意。比方說，青少年在盛怒中，對你說了很無禮的話，你根本就不要理它。請注意，我們並不是叫你「不要理你的青少年」，而是「不要理他所說的無禮的話」。可是別忘了，在青少年行為正常的時候，不要吝於給他更多的鼓勵。

(2)決定到底問題是屬於誰的。你用的處理法是否有效，就要看問題的本質，還有認出問題到底是屬於誰的。如果是你的青少年擁有這個問題，處理法就是：傾聽、探索多種選擇，或實踐自然或合理後果法。要是問題是屬於你的，探索多種選擇、應用「我」的訊息和使用合理後果法等，都是有效的處理法。

(3)根據事情的狀況和處理方法是否有效，來決定如何處理。青少年自己把問題提出來跟你談的時候，可以用反映式傾聽法；要是你察覺到他是想得到你的注意，或他想跟你鬥爭權力，那你就選擇不要跟他談論問題。如果「我」的訊息的應用一直得不到效果，也許你就要直接訴諸合理後果法了。

有時候，不同的處理法合併使用可能是最有效的。比方說，一開始，你用反映式傾聽法，接下來，跟他探索各種對策，有時候，甚至四種方法都可以一起使用。請看以下這個例子：

為了你女兒房間的狀況，你已經和她探索了各種的對策，說好她的房間她自己管，要怎麼樣都

可以，除非房間的狀況影響到你的權益，那就另當別論。結果，她的房間一天比一天變得更髒亂，走過都能聞到怪味。你就跟她商量，用反映式傾聽和「我」的訊息與她溝通；接著，你們約好了她什麼時候應該清掃乾淨，並且也約好了如果到時候沒有清掃，應該有什麼合理後果。你跟她約定的是：那天她要出門以前，要把房間打掃乾淨，如果沒打掃乾淨，她就不能出門。

我們了解到，這些處理方法並不完全適合你用，可是我們還是鼓勵你，這四種處理法都要親自使用和體驗——至少要試用看看。這樣你才能決定到底哪一種方法最適合你們。

表 8-1　如何有效地處理問題

方法	目的	範例
反映式傾聽法	顯示你了解青少年孩子的感受。用在問題屬於青少年的時候。	你對這次的考試很擔心是不是？ 這個工作那麼難，你好像覺得很挫折是吧！
「我」的訊息	跟青少年溝通你對他的某個行為有什麼感受。用在問題屬於你的時候。	我身體不舒服的時候，廚房的碗都還要留給我一個人洗，我覺得很不受重視，好像沒有人關心我一樣。 你借了我的工具，用完卻沒拿來還我的時候，我覺得很挫折，因為要用的時候找不到，很著急。

方法	目的	範例
探索多種選擇	幫助青少年決定怎樣解決他自己的問題。	對這個問題，有什麼方法可以解決呢？哪一種看起來最可行？你願不願意試一段時間，一直到……為止？我們之間這件衝突，要怎麼樣化解才好呢？對這樣的解決法，我們是不是都同意了呢？我們既然約好了這樣進行，如果不照約定的去做，該有什麼後果才好呢？
自然而合理的後果法	讓青少年在範圍內自己決定自己的行為，也容許他們體驗行為的後果。自然後果法用在問題屬於青少年的時候；合理後果法用在問題屬於青少年或父母都可以。	自然後果法：你的青少年在冷天不穿外套，結果感冒了。青少年不吃午餐，結果挨餓了。合理後果法：青少年把零用錢一口氣用光光，就一定要等到下次領零用錢的時候，才能再有錢花。青少年沒用功準備考試，就得了低的分數。

典型的青少年不良行為

爭辯

青少年常會向父母所持的信念與態度挑戰，這些挑戰本來不一定要引起摩擦，可是有時卻難免會發生——特別是青少年抱著錯誤的目標，而產生問題的時候。青少年要挑戰父母所持的信念而引起爭辯的時候，問題是屬於青少年的（除非父母決定也要爭辯，那麼問題就屬於父母了）。爭辯很少能改變對方的觀點，雙方通常都想要說服對方他才是對的，對方是錯的。

那麼如果你們之間的對話，開始轉變成爭執，甚至於彼此刺傷，那要怎麼處理呢？我們的建議是，首先承認你們意見不同。比方你可以說：「我知道你認為抽菸是無害的，可是我認為有害。你可以信你的，我也可以信我的，我們這樣爭下去是沒有結果的，倒不如就承認我們對這件事意見不同就是了。」然後轉移話題，談別的事。這樣維持對彼此的尊重，拒絕爭辯，能免除許多不必要的痛苦，跟無謂的傷感情。

如果你設定了某個合理後果，青少年卻很不服氣，跟你爭辯，你的態度就要保持堅定而溫和。舉例來說：如果你們一起出去餐廳吃飯，你兒子想點一道菜單上最貴的菜，你覺得付不起那個價錢，就可以跟他說，他只能點菜單裡中低價格的菜色。他開始跟你爭執說，為什麼不能就點一次那道最貴的來吃吃看。你可以跟他說，你願意出一部分的錢，剩下的他可以用自己的零用錢來付。如果他不願意，還是堅持要點那客最貴的，你可以說：「對不起，那不在我們的選擇範圍之內。」這是當你提出幾種選擇給他，而他卻要求別種選擇的時候，你可以使用的有效方法。

衣著和髮型

大多數的青少年都想以衣著和髮型來建立自己的獨特性，而且通常是以他的朋友所能接受的外型為準。請回想一下，我們自己在青少年時期，不也是一樣嗎？父母為什麼總是對流行的時尚那麼反對呢？這是屬於父母自己的問題——因為只有他們覺得不對勁。我們不是在說父母一定要「喜歡」青少年穿的衣著，我們只是建議父母不要干涉他。

有些父母很擔心別的成人看他孩子這副打扮會怎麼想。比方說，有一個父親跟兒子起了爭執，因為兒子要穿一件舊襯衫去上學，父親堅持不讓他穿，原因是怕老師會以為他這個做父母的不盡管教之責。可是老師看青少年的奇裝異服，早就見怪不怪了。學校要是看這件事是一個問題，他們自然會想出一些服裝的規定，用不著你去擔憂。別人如果認為這是他們自己的事，你為什麼一定要去管它呢？

我們建議你別管青少年的衣著，對他的穿著不要批評，也不要顯得不悅——接受就好了。如果是你帶他出門，那你就有權利指定他要穿的衣服了，然而，青少年自己還是有權決定他要不要跟你去。

維持整潔

有些青少年拒絕換衣服、洗澡或刷牙，為什麼呢？他可能是故意要引起父母的注意，來證明父母沒辦法管他，甚至是以此反抗父母對他的束縛和規定。這的確是屬於青少年的問題，只有在他的髒亂影響到父母的時候，才會變成父母的問題。青少年自己要髒是他自己的事，他有權利可以髒，但是髒亂或味道侵犯到父母的時候，父母也有權利可以管。

如果你的青少年孩子常常衣著髒亂，可是還算合作的話，可以用合理後果法，請他避開，別讓你看到他。可以對他說：「對不起，你的味道讓我很不舒服，如果你選擇還是不洗澡，就請到別的房間去吧！」或者可以說：「如果你要坐在沙發上，就要把那件沾了泥巴的牛仔褲換下來。」要是他不刷牙，父母可以說，刷牙是他自己的問題，可是牙齒若因此而有了毛病，父母是不付看牙醫費用的。

孩子若基本上都不肯跟你合作，你就要盡可能地避免跟他衝突。這說起來雖然也是為了方便，避免麻煩，但是事實上，你也需要想想，到底你想達到的成果是什麼——你是要衝突徒然增加呢？還是真的要把問題解決掉？

侮謾和粗鄙的言語或姿態

盛怒中的青少年可能會用侮謾的態度、粗鄙的言語和姿態來震驚父母。他們常會用粗話來製造刺激，或博得同儕的接受，可是，如果對父母用粗鄙的言語和態度，通常是為了要父母注意他，要權力，或要報復。舉例來說，如果你女兒在你面前說粗話，可能就是要你訓戒她，叫她以後不可以再說——她是有準備你會處罰她的。可是你要注意，這問題是屬於她的，畢竟只有她在動怒，你雖然很想把她訓一頓，可是不要照她預料的來對付她，因為這只會徒然加強她追求不良行為的目標而已。

如果你認為她的目標是要你注意她，就不要理會她說的，只要無動於衷就好了。也可以用反映式傾聽，有需要的時候，也可以採用探索多種選擇，來達成協議。如果女兒是傾向要求權力或要報復，那麼最有效的還是無動於衷，相應不理。把你自己從情況中抽離，以免加強她的不良行為，這其實也正是發揮了合理後果的效果，表達出的是：「你表現這麼差的時候，我可不願意跟你打交道，我是有我的自尊的。」

有些父母認為，如果有較小的孩子在場，看到父母對這些粗鄙的言語無動於衷，只是走開而相應不理，會以為父母准許這種舉動。其實不然，較小的孩子看到的反而是，父母能夠讓自己從這種挑釁的情況中抽身，不被青少年的不良行為所支配。小孩子跟青少年一樣，也想要父母的專注和關照，爸媽來個相應不理，他們也是很不喜歡的！

稍後，等女兒平靜下來了，你才可能跟她談談言語粗鄙這個問題。要承認她的感受，但也要表達你的感受，可以說：「我知道早上你很生氣，你當然有權利生氣，只是你跟我說那種粗話，我覺得很不受尊重，好像你都不在乎我的感受呢！」也可以說：「我一聽到那種粗話，就覺得很反感，因為我實在很討厭人說那樣的話。」

當然，還有一些青少年，就是不生氣的時候，也開口閉口的就說粗話。這時候，你也應該選擇對他相應不理，過後再和他溝通你對他說粗話有什麼感受。

很多父母對這種侮謾和粗鄙的言語簡直無法忍受，馬上以責備回敬他們，禁止他們再說。可是，處罰和命令真的有效嗎？再說，禁得了一時，能禁得了永遠嗎？每個人免不了都有生氣的時候（雖然生氣於事無補），而且我們一生氣起來，都可能有偏差的言語和行為表現，這是做人的一部分——世上沒有完人。請讓青少年也有不完美的權利吧！

健忘

行為都是有目的的，健忘也不例外。如果責任沒有完成，「忘記了」就是一個很好用的藉口。有時候，青少年會用忘記來贏得父母的關注，有時候，「忘記」可以用來打擊父母；也有時候，一聲「我忘了」就可以把責任推卸掉——而且父母也沒話說，就接受了這樣的藉口。還有時候，忘記也能觸發一場權力競賽：「你忘了！這是什麼話？胡說！」如果忘記某件事能傷父母的心，就可以拿它當武器來報復父母；表現能力不足的青少年，則會用「忘記」來處理自己認為做不到的事。

到底問題是屬於誰的？如果青少年忘記的事情並不侵犯到你的權益，那問題就是他的；他自己忘記的，例如：課本、午飯錢、跟人的約定等，就得接受合理的後果。然而，許多父母為了保護孩子，都常常再三的提醒，以免他們受到合理後果的制裁。那麼，青少年當然可以一忘再忘了！

青少年所忘記的事導致你有麻煩的時候，問題就是你的了。比方說，你兒子答應要做一件家事，可是一再地忘了去做，這種行為所表達的是什麼？就是他實在無意去做。如果你再三提醒，可能就會掉入過分注意他的陷阱裡去了，權力競賽可能由此而生。有一個對策，就是：用「我」的訊息；比方說：「車道的雪沒剷好，車子開不出去，我覺得很挫折呢！」還有一個對策是用合理後果法，如事務交易（參考第7章），但這種交易必須事先約定好才行（請看第9章，忽略一些典型家事的後果法）。你跟兒子也需要重新商量，再討論出一種新的決定。用「我」的訊息、探索多種選擇、決定什麼是合理後果等，在這種情況下，都是可行的辦法。至於要採用哪一種，當然就要看情況，根據人和事的個別情形來斟酌使用。

手足之間的爭執

兄弟姊妹的爭鬥，通常是想要得到父母的關注；一打起來，父母馬上來疏導、勸架，很容易就掉到他們所設的陷阱裡去，也很容易被拉進權力的鬥爭裡。比方說，如果有一個孩子一直捉弄父母最寵愛的那個孩子，可能就是想報復父母。有的父母相信，要公平的處置孩子之間的爭鬥，就是全部都處罰；可是，從孩子的觀點來看可不然，至少有一個孩子會覺得不公平，也會想要抗衡。所以，不論他們不良行為的目標何在，父母一旦涉入或仲裁，就是在加強他的目標了。

孩子爭執的時候，問題是屬於父母的嗎？當然不是。所以，孩子打架時，你要怎麼辦呢？首先，想想看，如果你加以干涉，孩子學到的是什麼？顯然，他們學不到怎樣彼此協調，怎樣解決爭端，只想要靠第三者來替他們解決。手足間打架雖然很普遍，但可不是正常現象，孩子應該都能學會不爭吵並和樂相處的。然而，他們必須經過解決他們之間的衝突，才學得會如何和樂相處。因此，我們奉勸你不要涉入他們的爭端裡，讓他們自己由自然後果中學習。

如果你預見到另一個爭端來臨，趕快躲起來。你要態度堅定地退出他們的爭端，比方說，可以躲到浴室裡（因為容易有隱私權）、臥房中，或出去散散步。如果是躲到屋子裡的某個房間，別忘了帶本書報雜誌，或帶個音樂播放器什麼的，好消磨時間；一直等到風平浪靜，爭端平息了才出來。如果孩子跑來告狀，就說：「這是你們之間的事，我相信你們可以自己解決。」說一次就好了，不要多說。再有人來告狀的時候，就不作聲，反正你就是要置身事外，不要被牽扯進去。

很多父母把孩子打架當做自己的事來處理，是因為他們很討厭爭鬥，也怕孩子打起來會受傷等。當然啦，如果你覺得情況嚴重，最好還是干涉一下；可是手足之間的爭鬥多半都不致造成身體上的傷害。然而，還有的父母會問說：「有時候某個孩子是無辜的，那麼他被平白地欺負了，怎麼辦？」比方說：力寧只是走過走廊，他哥哥就揍了他一拳，力寧豈不是受害者嗎？其實，多半的爭端中，很難看出誰是有罪，誰是無辜的。誰知道「無辜的」力寧是不是稍早的時候就挑釁了他哥哥，找他麻煩呢？再說，如果力寧真的是受害者，你加進來主持公道，替他排解，以後再有同樣的情形發生，他又怎麼能學會保護自己呢？

你會發現，當你從他們的爭鬥中退出時，剛開始爭鬥反而可能更加厲害。父母一下子改變方法來處理不良行為，這總是免不了的過程；以前青少年總有辦法得到你的注意和仲裁，他還會繼續嘗試，一直到他發現老方法無效才會停止。這時候，如果你移師到浴室或房間裡去，你會發現他們打架的地方也轉移到你的房門口來了。這種信號顯然是說：架是打給你看的！

年長和年幼的孩子爭鬥的時候——

如果孩子們年紀大小懸殊，爭鬥的時候，小的當然容易受傷害。這種情形下，你就得加以干涉，可是你也得明白，小的孩子也會利用你的保護和權威來欺負比他大的哥哥姊姊。如果七歲的小文和十五歲的哥哥打起來，就尊重地說：「好了，停手了！」然後把小文帶到別的房間去。這樣，你既沒有處罰誰，小文也得到了合理的後果——被移到別的房間去了。

男生與女生的鬥爭——

有的人以為男生就是男生嘛，打打架總是免不了；可是男生要是打女生，那就不行了。我們覺得這種雙重標準是不對的，想想看那女生不就永遠佔便宜了嗎？她可以打哥哥或弟弟，他們卻不能還手。任何人，不論男或女，只要爭鬥打架，不是都必須接受合理的後果才對嗎？

打架需要轉移戰場的時候——

孩子之間爭鬥打架的時候，你能躲起來，置之不理，當然是最理想的；可是，如果架打起來會危害到家庭的物品，需要被移開的可就是打架的人了。同樣的，如果你不能離開現場，就可以叫打架的人到別處去爭。這時候，你只要用合理後果說：「你們要是不停手就請到外頭去打吧！」而孩子聽了以後有什麼反應，你就看得出他們的決定如何了。

不能接受批評的青少年（以及不知道怎麼批評子女的父母）

青少年人跟成人一樣，對別人的批評都很敏感，很在乎。畢竟有誰喜歡被批評呢？人家批評我們的時候，我們常把自己的價值跟這批評聯想在一起，只覺得自己一文不值，愚笨不堪！

父母批評子女的時候，常是帶著不耐煩、氣憤或受了傷害的情緒而發出批評的；可是如果孩子想得到的是父母的關注，他是寧願被批評，也不願被冷落的。而孩子想得到的若是權力，他就會不斷地「火上加油」讓父母不停的批評他，好讓這個爭戰持續下去。至於對那些想報復的孩子，父母的批評正好讓他們有藉口繼續抗衡和報復下去。其次，就是對表現能力不足的孩子，批評只能更把他趕進自己的小殼裡，越發閉塞不前了；而很好強或對批評很敏感的孩子，會把任何批評都當做是對他這個人完全的排斥。

青少年對別人的批評過分敏感，那當然是他自己的問題，可是父母還是有鼓勵的責任，雖然有時候也需要批評一下。這要怎麼辦呢？首先，批評事，不要批評人，並確定你的批評是有建設性的。真正有建設性的批評，所表露的是關懷和尊重，因為目的是要幫助他。

要是青少年的行為侵擾到你的權益，用「我」的訊息表達是很具建設性的。對青少年說某種行為是不能接受的，並讓他選擇是要改變行為，還是要接受其後果，就用合理後果法來做為你建設性的批評。但無論用「我」的訊息或合理後果法，都要記得你的焦點是對事，不對人。還有一種建設性的批評法，就是把你所見的，簡明地說出來。可以這樣開頭：「這只是我的觀察，不是批評，我注意到你……。」

比方說，你女兒向你抱怨說人家都不喜歡她，她也不知道是什麼原因。你可以對她說，你發覺她常常容易跟人家起爭執，你提醒她說，這可能是人家覺得不容易跟她相處的原因。你可以指出爭執會有什麼可能後果，也可以用探索多種可能性的方法：「如果你……，可能會怎麼樣？」或「你願不願意試一試……，然後看看有什麼改變沒有？」或「如果你這樣做，對你比較有利，因為……。」這樣的建議，你都可以使用，可是，別忘了，女兒接不接受你的意見，那就是她自己的選擇了。

多鼓勵，多溝通，對青少年的批評要減到最低。如果你和青少年之間關係不太順利，就問問自己，是否太把焦點放在問題上，而忽略了你們彼此間的關係。不要想一次處理太多問題，一次看一個或兩個問題就夠了。想用新方法來處理的時候，要覺得有把握會成功才開始；別把最麻煩的問題先拿出來解決，除非這個問題潛在地會變得更惡化、更緊急，否則就從較容易的問題先處理。

抽菸

人吸菸的原因有好幾種：口腔的滿足，心理的舒適、放鬆，達到某種形象等等。青少年可能相信抽菸會讓朋友接受他，他們也可能把抽菸跟成人的形象聯想在一起，抽菸讓他們自覺表現像個大人了。有的青少年抽菸是為了反抗父母，或報復；而青少年也可能覺得抽菸很刺激——喜歡那種怕被人逮到的危險和懼怕感。大部分的青少年抽菸，原因都是以上各種的混合。

有些青少年的行為，你是很難影響得到的，抽菸就是其中的一種。抽菸其實是他們自己的問題，雖然年紀大了以後不免會發生健康的問題，目前的危險倒不是很迫切的。青少年抽起菸來，很多父母當然都會擔心。有些父母命令他們不准抽菸，搜查他的衣服、房間，或聞他身上有無菸味；還有的訓話、要求他們不可抽菸。然而，這些方法效果都很差，反而驅使青少年抽得更凶，破壞了原可溝通的親子關係。

如果你的青少年抽菸，你所能做的一件事，可能就是表達你對他健康的關心了。要是你關心到家中其他人的健康，就可以要求他不要在屋裡抽菸。可是有的父母很不願意向孩子做這個要求，怕他不時地需要「溜」出去抽根菸。如果你自己也抽菸，要明白你的行為代表：大人抽菸是正當的行為，這就不能怪他也抽菸了。可是，就算你不抽菸，或根本就是反對抽菸的人，也不能保證你的青少年孩子就不抽菸！

約會

父母對青少年孩子的約會有很多的問題要問：「我女兒要幾歲才能讓她約會？」「我應該規定我兒子幾點回來？」「我女兒約會的對象我很不滿意，該怎麼辦？」「他們已經是固定的男女朋友了，這樣到底好不好？」然後，還有一個大問題：「我的青少年孩子會不會變成性生活泛濫呢？」

約會到底從幾歲開始，是因人的成熟程度而異的。如果你兒子對約會很有興趣，而你覺得他的年紀還太小，請考慮一下他約會的動機為何：可能是他的朋友大多都有約會，或都很喜歡有約會，他也想要藉著約會來讓朋友接受他；也可能他是想學大人的樣子——這是利用肯定獨立自主來尋求權力的一種型態，而約會正給他這種有權力、做大人的刺激。

所以這正是屬於你的問題——因為只有你在擔心！如果你覺得兒子年紀實在太小，不宜約會，你有權可以說不行。用堅定但尊重的口氣說出你的理由，可是也要準備聽他的反駁。用你的反映式傾聽技巧，讓兒子有機會把他反面的意見表達出來。

還有的父母著急的是，他們的青少年孩子都沒有約會。青少年不約會，可能就因為他還沒達到那個成熟度而已；然而，也有青少年故意不約會，來反叛父母的。例如：明知道父母希望她有約會，女兒就決定偏偏不約會，來肯定自己的權力。這時候，問題就屬於父母了。最好的對策就是完全不要給她任何壓力，她自己覺得時機成熟的時候，自然會自己去約會了。

有些青少年不約會，是因為無法跟人相處，無法跟人保持友好的關係。這時候，問題雖然是屬於青少年自己，但是父母也有協助的義務。有時候，請教專家諮商輔導是有必要的。

設立夜歸的時限通常也是一大挑戰。大部分的青少年都想要獨立——想來去自如，不用人管。可是父母對青少年的安全是要負責的，所以這一個問題是屬於父母。如果你的青少年有需要規定一個夜歸時限，你要先問他的意見，看他認為應該幾點以前回到家才合理；要是你不贊同他，再跟他商量出一個你們雙方都能同意的時間。一旦這個時限設好了以後，就問他要是超過時限，回來的時候應該有什麼後果，才算合理。

然而，既然預料不到的情況常會發生，你可能也要先跟他約定好，如果知道會超過時限才到家，他應該什麼時候打電話回家通告。接著，再約好，如果沒有先打電話回家通告，而超過時間到家的時候，又該有什麼後果。要是他幾乎每次外出，都打電話回來說他會晚一點到家，那麼，他很可能是在想辦法延後夜歸的時限，這時候你就需要再和他重新商量了。

如果你不贊成青少年的約會對象，請檢查一下原因為何。你是對那個人的社會、學歷或家庭背景有歧見呢？還是你怕對方會對你的孩子有不良的影響？也許你是嫌對方年紀太大或太輕……再考慮看看，你的孩子為什麼要和你不贊成的人約會呢？很可能是為了要肯定他自己的權力：「我要跟誰約會是我的事，你管不了我。」你會不會因此覺得傷心？如果會，那他大概就是想要對付你了。還有些青少年冒著父母反對的危險，跟某個對象約會，為的是這個對象能讓他在同儕朋友群中有面子，也可能是這個對象讓他感覺很刺激。

不管青少年的目的是什麼，問題還是你的。你有權可以表達你的感受，也有權反對，可是禁止他跟某個對象約會並不保證他就會聽從。請自問一下：到底你信不信任孩子的選擇能力，或許他自己已經發現對方並不是他理想的約會對象，自己決定中斷這個關係了呢！總之，最根本的還是，對自己的兒女要信任，要有信心。

青少年與異性朋友成了固定的男女朋友，這也是父母不易應付的問題。可是父母其實都應該有這種心理準備，因為在青少年的朋友群中，跟某個人成為固定情侶是尋常可預料到的事；這樣只跟一位對象保持關係，本來就是他們願望的實現。如果你覺得自己的兒女年紀還小，不應該那麼早就決定對象，或者是他對對方的認識還不夠深，不應該那麼快就固定下來，那麼，問題也是你的。然而，不論如何，你總可以把感受向他表達。可是，你還是要認清，就算你禁止他們，他們私底下做什麼決定，你還是拿他們毫無辦法的。

父母多半都很害怕青少年孩子跟其他人有親密的性關係。對這個題目，雖然在第10章裡，我們會有更詳盡的討論，可是在這裡我們要強調的一點是：與青少年孩子坦誠地談論性方面的事，這是很重要的。把你的信念向他溝通，傾聽他所說的，告訴他實在的知識，這都是在建立他日後做出謹慎、負責的決定時所需的基石。然而就算這樣，你也監督不住他的一舉一動。所以，不管你喜歡還是不喜歡，在親密的性關係這一項上，還是青少年必須得自己下決定的。只有開放的溝通，對他有信心，信任他，才是對這個問題最佳的對策。

其他成人跟青少年之間的問題

常有父母問：別的成人向我抱怨我兒女的不是，我該怎樣應付？我想我們大家都多多少少有這種不愉快的經驗。其實，這豈不正是應用你所學的這些新的溝通技巧的大好時機嗎？

如果你的青少年孩子跟其他的成人之間有了問題，這並不是你的問題，而是孩子自己的問題。如果你出面干涉，請問，他要怎麼學會跟其他人相處呢？當然，這也有例外的時候，比方說孩子或跟他有衝突的對方，可能會有危險的時候——不過，這種情況倒是很少見的。

要是你已經決定女兒在校的功課她要自己負責，你不去干涉她了，這時候，老師或學校的輔導人員打電話來，跟你說你女兒的功課明顯退步了，你要怎麼辦？首先，用反映式傾聽法，向打電話來的老師詢問，他對你女兒的成績表現有何感想，比方說：「學生不肯盡責用功，您一定覺得很挫折吧！」這樣，你把你的了解溝通出來了，也就能建立起一種彼此的尊重。如果她的老師請你在家要幫忙督促她用功，那你就要表明你的信念和決心，就說：「我明白您要我幫忙督促她，可是，我相信我一干涉她，她就會更反抗，事情反而更糟。我想還是讓她自己接受這個責任，若在學校方面會有什麼後果，她也要自己承擔才對。」把你對學校方面的信任表達出來。要是這位老師還繼續要求，你就要很尊重但很堅定地表明：「對不起，我還是認為我的干涉對她沒有好處，學校認為怎樣對她處置最有效，就怎麼辦吧！」

或許你聽得出來，打電話來的老師，是要你幫忙出主意，那麼，如果你有什麼建議就可以向他提出，並探索各種對策。比方說：「我發現在家裡……方法對她很有效。」你得明白，學校方面通知你這件事，也是出於不得已和挫折感，也很需要你的了解和支持。可是，你倒不必一腳就踏進去干涉，只要相信學校和孩子之間的問題應該能解決的。

你自己的父母會不會批評你，說你管教孩子的方法不當呢？相信這種情形也不少。他們會不會說：「我以前也沒用這種方法來管你，你還不是都很正常！」說這種話的父母通常不太了解，家庭關係現在和從前並不相同；或許他們把你採用這種管教方法，看做是對他們從前那套方法的抗議呢！有這種情形的時候，傾聽你父母的感受，也表明你的感受；向他們解釋為什麼你用的方法不同，向他們表明你用這種方法，並不是要抗議他們以前管教你的方法。不過，你的態度還是要保持堅定。有時你所用的管教法，真的不免讓你的父母不高興，但你還是要把對青少年孩子最有好處的，當做你的最高準則。

假設祖父母或其他親戚，向你抱怨說你的孩子有某種不良行為，請向他們表示，應該直接跟你的孩子解決。你可以跟他們分享你對這本書的心得，或自己向他們提出建議，可是也不要用勉強的態度，要讓人有選擇的餘地。

舉個例來說吧！假設你的鄰居康太太跑來跟你抱怨，說你女兒真不應該。好啦！你還是要仔細傾聽，看她到底有什麼感受。「我知道秉莉把你的花圃踩壞了，讓你很生氣是吧？」說了以後，向她解釋，這件事最好由她親自跟秉莉協調，看秉莉要怎麼補償才好。如果你鄰居同意了，就請女兒跟她談。可是，假設康太太堅持要你來處理這個問題，你也不必態度太強硬，因為她畢竟是你的鄰居，你也不願意太得罪她。可以問她覺得應該怎麼辦才好，然後看看你能不能接受；或者你也可以提出一些建議，和她一起探討解決的方法。比方說：秉莉可以利用週末的時間，把踩壞的花圃修整好，或者從零用錢中，扣除賠償費給康太太。這兩種方法都是這件行為的合理後果。

紀律方面產生問題的時候，反映式傾聽法、「我」的訊息、探索多種選擇與自然而合理的後果等四種方法，都可以積極、有效地應用。還有，別忘了：鼓勵才是所有方法中，最主要的成分！

復習與發想

問答題

1 認出不良行為的目標，和確定問題屬於誰，為什麼能幫助父母選擇出教孩子學會紀律最有效的對策？

2 不論用什麼策略，為什麼「鼓勵」都是最主要的成分？遇到問題要處理的時候，你能用什麼方法來表達你的鼓勵呢？除了本章所列的範例之外，請你也舉幾個例子來說明。

3 孩子不良行為的哪些目標，是可以應用反映式傾聽法的？哪些目標不宜應用這個方法？

4 有哪些目標，應用「我」的訊息會很有效？哪些用這方法無效？把你自己有效使用「我」的訊息的實例舉出來。

5 哪種情況下，需要綜合地使用這些方法？

6 父母要怎樣應付爭執？要是這些爭執跟他的穿著、髮型、外貌打扮有關，父母應如何對付？本書所做建議的理由是什麼？

7 對於子女的侮謾、粗鄙的言語和態度，父母應該用什麼方法應對才會有效？

8 你的孩子忘記的事，如果跟你無關，你要怎麼辦？如果跟你有關，那你又怎麼辦？除了本章所舉的範例之外，請你也舉出一些例子來。

9 孩子之間爭吵、打架的時候，父母應該怎麼辦？為什麼建議父母不要牽扯進去？

10 父母要怎樣用積極鼓勵的態度來批評子女？

11 青少年抽菸，問題是屬於誰？父母應該怎麼辦？

12 關於對約會所做的建議，在你的家庭中，你打算怎樣應用？

13 你的青少年跟其他的成人發生了問題，你應該怎麼辦？

本週活動

把你的青少年孩子的某項問題選出來，應用適當的處理法來練習解決。請切記，不論用什麼方法，鼓勵都是重心所在。

【個人發展練習 8】檢討不同的處理方法的不同效果

請用四種民主方式來處理紀律的問題，也就是：反映式傾聽法，「我」的訊息，探索多種選擇，自然而合理的後果法等，來回答以下的問題，四種方法都要一一討論。

1 平常你在哪些狀況下應用這個處理方法？

2 請舉出一個實際的例子，來說明你是在何種狀況下，應用了這種處理法？（問題是屬於誰的？青少年反應如何？要是情況並沒有好轉，你認為為什麼這個方法並沒有效果？）

3 對你來說，哪一些處理法最有效？

4 你願不願意再加強使用這種（或這幾種）方法？

5 要怎樣加強使用呢？

要點提示

1 有四種民主方式可用來處理紀律問題，分別是：反映式傾聽，「我」的訊息，探索多種選擇和自然而合理的後果法。

2 任何一種方法，要應用成功，一定要多用積極鼓勵。

3 用以下的準則，選出哪一種才是最有效的處理法：

- 認出不良行為的目標何在。
- 確定問題是屬於誰的。
- 依照情況的需要，與用這種方法是否有效來決定。

4 避免爭執，爭執的結果只是讓雙方都越覺得自己才對。用反映式傾聽和「我」的訊息，同意你們的確是意見不同就好。

5 讓青少年自己決定穿著、打扮，除非是你要帶他陪你出去，那麼你就有權指定他照你喜歡的樣式來穿著。

6 青少年自己的衛生習慣是他自己的責任，但如果他的髒亂、體臭影響到你了，就可以要求他到屋子裡別的地方去，或者是你可以自己避開他。至於不刷牙的青少年，可以請他自己支付牙醫費。

7 對他的侮謾、粗鄙的言詞和舉動，可以置之不理，也可以用反映式傾聽來表達你了解他的怒氣。當他平靜下來的時候，可以向他表示你對這些粗鄙的言詞和舉動有些什麼感受。

8 假如你的青少年忘記的事跟你無關，那麼，問題是屬於他的；如果跟你有關，用「我」的訊息、探索多種選擇及應用合理後果來處理。

9 孩子之間的爭吵、打架，並不是屬於父母的問題。把你自己置身其外，不要當裁判，不要主持公道。

10 把對兒女的批評減到最低；如果覺得有必要批評他，也要對事不對人。「我」的訊息和合理後果是兩種積極的批評法。

11 青少年抽菸，問題是屬於他的，父母所能做的，不過是傳達對他健康的關心罷了。

12 對青少年約會的擔心，多半都是屬於父母的問題。要免除你的擔心，就要用溝通和商量的技巧。

13 青少年和別的成人之間產生問題，多半也是屬於他自己的問題，他們需要在沒有父母的協助和干預下，自己學習怎樣處理跟別人的關係。

改善親子關係的計畫（第八週）

●我特別關切的事：

●我通常的反應：

☐談論，訓話　☐處罰，羞辱
☐抱怨，數落　☐放棄不理，因為太灰心
☐生氣，怒吼　☐運用權力取消特別待遇
☐嘲諷，挖苦　☐其他：

●我本週的進步情形：

	改進	退步	未變		改進	退步	未變
我了解他行為的目的	☐	☐	☐	從衝突情境中退出	☐	☐	☐
基於互敬的原則，發展我們之間的平等關係	☐	☐	☐	表達對他的疼愛和正面的感受	☐	☐	☐
給予鼓勵	☐	☐	☐	安排民主的家庭會議	☐	☐	☐
更有效地表達訴諸情感的回應	☐	☐	☐	適度地修正對孩子的訓練方法	☐	☐	☐
嘉許他的良好行為，也讓他學習負起責任	☐	☐	☐	給他選擇的機會，以避免訓練發生困難	☐	☐	☐
傾聽他說的話	☐	☐	☐	行動堅定，態度溫和	☐	☐	☐
不抱怨也不責怪的把自己內心的感受說出來	☐	☐	☐	不是我的問題，我不攬在身上	☐	☐	☐

●我學習到：

●我計畫改變我的行為，方法是：

1.

2.

3.

9

家庭會議

青少年極想自己決定事情，如果不能讓他們自己做決定，也需要讓他們參與，來決定有關他們的事項。要想和青少年合作相處，讓他們參與家庭會議是絕不可少的。

所謂民主，就是大家都可以參與決策。家庭要民主，也要全部家人都能參與決定才行。不過，你會問：每次都要開會才能決定事情，誰有那種閒工夫呀？可是，你如果真的要實行本書所建議的系統訓練，讓情況有改善，那你就得下一點工夫，真正讓全家人民主地參與。家庭會議就是要讓孩子都能一起來決策，讓他們學習民主的過程是怎麼一回事。

家庭會議是家人全體參與的定期會議，目的是計畫、決策、給予鼓勵和解決問題等。跟非正式或緊急會議不同的是，這給家中的每一分子，在每星期固定的會議中，都有一個固定的席次，讓他有發言的機會。這次會議中所做的計畫和決策，一直到下次開會之前都是有效的。每個人都很清楚，如果有事要討論、有決策需要改變，家庭會議就是他的發言機會。假使有人有什麼抱怨不滿，只要不是緊急狀況，你可以簡單地說：「下次家庭會議中，你再提出來，大家一起討論吧！」

跟第6章裡所討論的「商量」不同，家庭會議的效用不止是解決問題。其實，會議的重心若只在問題上打轉，大家的興趣很快地就會減低。家庭會議對每個成員提供了如下的機會：

- 讓家人聽見每個人要說的話。
- 對家人有什麼良好的感受，可以藉此表達。
- 給予鼓勵。

- 約定家事公平的分配。
- 表達關懷、感受和不滿。
- 幫助平息紛爭，處理一再發生的議題。
- 參與家庭休閒活動的計畫。

家庭會議守則

家庭會議要開得有成果、令人滿意，我們建議你按照以下的準則：

(1)每週定時開會。會議的時間、地點都要由全家人共同決定。如果家庭會議的成立還在籌劃階段，就以民主的方式，由全家的成員共同參與，那麼，大家都會覺得自己的意見真的受到重視。開會的時間和地點都要固定，因為這樣才能使會議成為一家人生活中例行的事；如果一定得改時間，也得經過家人一致的通過才行。

如果家庭的成員中，有人決定不參加會議，決策還是要由參加的人來決定。事後，缺席的人就要遵照出席者所做的決策來實行。

(2)輪流當主席和紀錄。父母子女都一樣，要輪流做會議的主席。通常，第一次的會議都是由父母來主持，為的是要確定每個人都有發言機會，安排使大家都明白會議的流程，並示範民主方式的決策法。

第一次會議以後，家裡的成員就可以一同決定，要怎樣輪流主持會議。有的家庭以年紀大小來輪，有的按名字筆劃多寡，有的是用抽籤的方法來取決。

假如你家有很小的孩子，那要多大才能讓他主持呢？通常學齡兒童都已經能勝任主席的位子，但還需要父母在旁助一臂之力就是了！雖然你可能需要偶爾給年紀小的孩子一點協助，提醒他會議的程序，但是，需要的時候才給就好，一定要讓當主席的人自己發言。

家庭會議也需要有一位負責紀錄的人，把會議的決定事項記錄下來。這職位，同樣地也要由全家人決定要怎麼輪流。當紀錄的人在開完會以後，就要把會議紀錄張貼在大家都看得到的地方。有的家庭會教導年紀小的紀錄者，用錄音工具錄下決定事項。

(3)制定時限，並切實遵守。全家一起決定開會時間長短，否則時間拖長，大家都不耐煩。大人和青少年一個小時一定夠了，有小孩子的，二十至三十分鐘就好。

主席的要務是：準時開會，準時散會。這樣家中成員也才能學會守時，因為他們會發現，要產生決策來，時間還真有限哩！

(4)確定所有的家庭成員都有公平的發言機會。雖然大家都有發言權，最好還是讓小孩和青少年先發言，父母覺得有必要的時候才加入意見。這一點，特別在會議剛成立的初期，尤其重要。你想，如果父母一開頭就提出一大堆的建議事項，孩子馬上會感受到，這會議真正的目的其實是父母要達成自己的意願。最好是徵求他們的意見，就說：「誰有意見？」或「彬彬，我們都沒聽到你發言，你有什麼建議嗎？」

(5)鼓勵每個人提出議題來。如果要家人對會議感興趣，每個人都應該有機會提出自己所關切的議題來。有的家庭備有議程簿，讓每個人都能在開會之前，把他要討論的項目寫下來；然後，在會議中，主席就按表一一討論。這一次會議沒有談完，則留到下次會議中，成為下次優先討論的議題。

(6)別讓會議變成埋怨大會。不斷的埋怨，會把家庭會議搞砸了。如果有這個問題，可能你要堅持，埋怨者要提出解決方法來才行。可以說：「我聽得出你對這件事情覺得很……，你有什麼解決方法能提出來嗎？」也可以徵求其他成員的意見。一有問題產生，趕快把焦點放在解決方法上。

(7)家事的分配要公平。忘記做家事，或拒絕做家事，通常都是因為家事由父母強制分配的結果。要解決這個問題，就要讓全家人一起來。先問大家到底有些什麼該做的家事，然後，把提出的項目一一記下。全體再一起決定，什麼事可以單獨完成，什麼事需要幾個人共同分擔；然後決定看誰要做什麼事，或要怎麼輪流。可以問大家：「我們要怎麼分配才公平呢？」

有些家庭，把家事的種種項目，都個別寫在小紙條上，然後放進一個「家事罐子」裡，每星期，一家人就由罐子裡抽出紙條，決定各人該做的家事。還有一個方法是由各人自己志願，選擇要做的事項；但是，要確定的一點是：沒人喜歡做的家事項目，不能專由某個人來做——包括你自己在內。

(8)事先計畫家庭的娛樂。每個星期，計畫一件全家可以一起參與的娛樂事項。比方說：野餐、出遊、遊戲、進行一項計畫、看一場電影、去逛跳蚤市場等等——你家人愛做的事，可能還有一大堆呢！如果這件活動需要一些準備工作，這些準備的工作要誰來做呢？也要大家一起決定，一起分配。有時候，青少年可能不想加入家庭的遊樂活動，只要確定有邀請他就好，他決定去不去，都要尊重他。

(9)應用你的溝通技巧。應用反映式傾聽技巧，表達你了解發言者的感受，也能澄清議題的重心；使用開放式的問法，能鼓勵家人多出意見；探索多種選擇和腦力激盪，能激發人的思考能力。可以問：「這件事，我們怎麼辦才好呢？」或「誰有什麼主意呢？」也可以用「我」的訊息來表達你的感受、你的信念。要確定真正議題的焦點何在，可以問：「我們好像都各有各的意見，這樣能把這個問題解決嗎？」

在家庭會議中，全體一致通過才決定，是很重要的——也就是全家每個人都同意，不是少數服從多數就好了。要是無法取得每個人的同意，就把那癥結的議題再拿出來重新討論，重新腦力激盪，重新讓每個人都有機會再想一想。不要用投票表決，因為投票會產生贏家和輸家，對於全家的合作不利。要是癥結所在實在亟需要馬上採取行動，那你只好自己下決定，就說：

「看來我們一時無法達成協議，既然需要馬上採取行動，那我就先暫做決定了。下次開會的時候，我們再討論吧！」這種方式是下策，只有在迫不得已，非要馬上採取行動不可的時候才能用的。若是你在生氣，或想要報復的時候，就千萬不可遽下這樣的決定。假如你覺得非下這決定不可，也要視察是不是合乎實際情況，否則，你就要接受別人的抗議了。

家人若有心做個決定，主席就把這個決定事項簡略地再說明一次，然後問大家是不是都願意接受。會議中所有的決定事項，都要逐一再簡報一次，以示提醒，才算議事完畢。

(10)檢討這次會議的成果。每個會議結束的時候，問大家對這個會議有什麼感想，有什麼建議，能讓下次開會更改善進步。要取得全家一致同意，還有不斷地找方法來鼓勵大家合作，也都是很重要的。

(11)下次會議中再檢討這次的決議。討論舊議題的時候，先把上次會議中所做的決議拿出來檢討一下，全家人可以決定是不是要繼續採行，或者是要變更或刪除。因為沒人喜歡的計畫，誰還要它呢？

開始家庭會議的適當時機

典型的家庭會議，是有這樣的形式的：

1 把一個星期來愉快溫暖的事，都拿出來和大家分享。用「我」的訊息來表達你對家人的合作有怎樣的心情，可以說：「你做的……事，讓我覺得很感激，因為……。」

2 報告上次會議的紀錄；有必要時，也可以討論一下。

3 討論未決的舊事項。

4 提出新事項，除了注重問題的解決以外，分享家庭的樂趣也很重要。

5 大略的把這次開會的內容簡報一下，並檢討得失。

家庭會議要成功，需要全家人的協力和合作。有了這種心理準備，就知道要開第一次家庭會議之前，首先一定要確定：你和孩子之間的關係的確是彼此尊重和坦誠才行。要是在會議之前，你已經應用這套系統訓練法所提出的幾種技巧來教養子女，那麼，就可以逕自進行家庭會議了。

先召集全家人，提出定期舉行會議的計畫。有些青少年和孩子對正式流程很容易接受，有的則需要練習一段時間才會習慣。你可以用這種方式，把家庭會議介紹給孩子：「我們在想，家裡有好多的事需要大家的合作，協力來完成，平常都是父母來決定，誰該做什麼。我們也在想：家裡的事如果全由父母來決定，做孩子的心裡會有什麼感受。我們認為，或許你們也想幫忙，一起決定到底有什麼該做的事，以及誰應該在什麼時候做什麼事。我們想要開始每個星期舉行一個固定的家庭會議，讓你們在會議裡，幫忙解決問題，也一起計畫全家的娛樂活動。」

把這概念介紹了以後，解釋這會議的格式，並順便舉出幾項家人可以共同討論的事情；比方說家庭娛樂、家事分配、家中問題等。問問每個人對這個建議有什麼看法。如果大家都同意了，就從分享最近家中的趣事開始，利用會議的方式來分享這些趣聞，然後再進入新事項的討論。所謂新事項，在第一次的會議中包括：討論開會的時間、地點、如何輪流主持會議、會議的長度以及有關會議的種種疑問等。請別忘了，也要花點時間規劃一些家庭的娛樂活動。

如果家人中，有人對這家庭會議有什麼疑問，或有什麼評論，暫緩應用開會的形式，要先把這些疑問和評論都澄清解決了再開始。也許要延到下一次開會，才開始應用開會形式。

假如你沒辦法把全家都一起召集來介紹這件計畫，怎麼辦？可以向每個人一一分別通告。也不用等到每一個人都完全準備好才開始，只要大部分的人都準備好，就可以開始。其他未參加的人，看到參加會議的好處，可能就決定要加入了。

主持家庭會議的技巧

以下所提的團體領導技巧，可以幫你把家庭會議主持得更有效率。只要你示範，其他的家人可能就會跟進。你也可以把這個部分拿給青少年過目，讓他也對這些技巧有些了解。

(1)結構。所謂結構就是要讓會議按照目標進行。沒有共同的目標，團體很容易隨意偏離正題，所以基本上，結構就是讓會議集中在討論的事項上，按照所定的流程，在規定的時限內完成。舉例來說，你們為了某件議題花了很多的時間來討論，原訂議程中還有好多件事都還沒有討論到。於是你問大家，到底還要用多少時間來討論這個事項。家人同意，在五分鐘內如果這個事項還沒解決，那就延到下次會議再談。

(2)普及化。家人有時候並不知道彼此間對某件事有共同的感受。要讓大家都一起關注某件事，主席只要說：「誰有同感？」或「看來你和媽媽都有這種感受，是不是？」

(3)重新導向。主席需要時時向團體成員徵求意見，就說：「誰對這件事有意見？」又如：「真真，你覺得怎麼樣？」向主席提出的疑問，主席也可以把它轉向團體發問。如：「我很願意替你出意見，不過還是先看看大家有什麼想法。」這樣把問題導向全體，才能讓大家都有參與討論的機會，也比較能保證會議不會被某個人或某幾個人所獨佔。

(4)腦力激盪。腦力激盪是一種鼓勵交換意見的方法，全體的成員都能出意見，而且不論多離奇古怪，都能提出來。任何批評或討論都要等到所有腦力激盪過程完畢後才能提出。

(5)簡報摘要。簡報摘要可能在會議中隨時都需要，並不一定要弄到最後。譬如一家人談論某件事，談論了很久，主席把要點摘要簡報一下，可以幫助會議繼續推進；若有反對的意見，摘要的簡報也能澄清大家的論點。

(6)取得實踐的承諾。主席要得到實踐的承諾，可以問大家是否願意把這星期所做的決定實行出來。既然實踐的承諾都記錄在會議簿上，每個人都能在這星期中查照紀錄，依約實行。

(7)促進回饋。有時候，主席需要讓成員知道，某些人的某種行為可能會怎樣影響到別的成員，可以用「我」的訊息來表達回饋。主席也可以徵詢大家，對於某個人的某種行為，大家有什麼意見。把注意力集中在真正的議題上，也是促進回饋的一種方法。比方說：「我們好像都覺得自己的意見才對，那麼，這要怎麼樣才能幫我們解決問題呢？」

(8)增進直接的互動。有時候某個成員要主席來替他跟別的成員溝通，特別是父母當主席的時候。主席要避免變成「翻譯員」，就要提醒成員彼此直接交談。例如：「雅恩，請你直接跟雅瑞說出你的感受。」

(9)提倡鼓勵。再強調一次：所有技巧的基本都是鼓勵！沒有鼓勵，家庭會議就會失敗。家庭成員若集中在彼此的長處和貢獻上，就能建立彼此的自重感。跟全體家人說出你對他們的讚賞和感激，如果在這星期中有任何進步，就要說出你對他們的合作感到很愉快。

表9-1 領導有效的家庭會議所需的技巧

技巧	目的	範例
結構	讓會議按照目標進行。讓會議集中在討論的事項上。	「我們的討論有點離題了。」「剛才我們談的議題是……。」「這一項我們要用多少時間來討論？」

技巧	目的	範例
普及化	讓家人都認知彼此間所關切的事。	「還有誰對這件事也很關切的？」「好像你和姊姊都對這件事有同感，對不對？」
重新導向	讓全家人都參與討論。避免會議被某些成員所獨佔。	「其他的人對這件事有什麼看法？」「珍珍，你都沒發言，你的感想如何？」
腦力激盪	鼓勵家人盡量提出可能的意見來。	「讓我們盡力想出所有可能的辦法來解決這個問題，但先不要討論。等到所有的建議都提完了以後，再來討論。」
簡報摘要	把所說的話和所決定的事簡短地澄清一下。	「關於這個議題，我們剛剛說了什麼看法？」「我們的決定是什麼？」
取得實踐的承諾	向家人取得實踐所決定事項的承諾。	「我們是不是都願意去做這件事，直到下次開會為止呢？」「達文，你說要做……，對不對？」
促進回饋	讓家中成員了解其他成員的感受和觀點。	「我不知道小琪對你說的話會有什麼感想呢！」「不知道這樣的評語對小翰有沒有幫助？」「謝謝你幫我們解決了這個難題。」
增進直接互動	在適當的時候，讓家人之間直接彼此溝通。	「請你直接跟偉琪說，你對他的評語有什麼感受，好嗎？」
提倡鼓勵	幫助家人彼此增進自尊、自重和自信心。	「道明做的什麼事，是你很欣賞的？」「謝謝你們的合作，把這個星期所有的家事都做好了。」

家庭會議的實際範例

家庭會議實際進行起來到底是什麼樣子呢？為了讓你有個認識，以下是一個例子。我們在例中包括了父親、母親、兩位青少年——十四歲的承文，跟十六歲的承娟；承娟是這次會議的主席。你閱讀的時候，請注意其中用到的溝通和領導的特殊技巧。

承娟：爸，議程上的第一件事項是你提出有關「浴室太亂」的問題。（結構）

爸爸：我對你們兩位用完浴室以後，浴室的雜亂情況有些關切。毛巾隨便放，掉落的頭髮留在洗手槽裡，衣服、梳子、吹風機都四處扔。

承文：去跟承娟說——東西都是她用的，她每次都不整理好。

爸爸：我所關心的倒不是誰亂放的問題，而是每次都是媽媽和我在清理，我覺是有點不公平，我們要做的事還很多呢！（用「我」的訊息來提出回饋）

承文：我還是要說——是承娟她亂放的。

承娟：才不是我呢！你自己又有多整齊嘛！

媽媽：聽起來這件事好像你們都互不相讓。這樣你怪我，我怪你，問題也不能解決呀！（反映式傾聽來幫他們澄清感受；回饋並指出真正的議題）

承娟：我不要每次都被人當代罪羔羊來看待嘛！

爸爸：我看得出你覺得人家在找你麻煩，可是我沒這個意思。我並不是要當偵探，只是要把問題解決。（結構──用反映式傾聽和「我」的訊息來澄清雙方的立場）

承文：可是亂放東西的本來就是她嘛！

媽媽：承文，再責怪也解決不了問題呀！（結構──用「我」的訊息把焦點拉回到主題上來）

承文：我就不懂，為什麼她亂放的東西，還要變成我的問題！

承娟：我已經跟你講了──

媽媽：欸！請等一等。讓我先回答承文的問題。（結構──把談論的目標再拉回）承文，你認為這不是你的問題，所以你覺得把你扯進來是不公平的，是嗎？（用反映式傾聽澄清）

承文：就是嘛！

爸爸：好吧，那你認為應該怎麼辦？（結構──再把焦點拉回到主題上來）

承文：叫她整理呀！

承娟：又不是只我一個人弄亂的，你也有分啊？

承文：噢，可是大部分都是你弄的嘛！

爸爸：你們兩個好像決定不下到底是誰弄亂了什麼。（普及化和澄清）那我們是不是該把每隻襪子、每把梳子、每條毛巾、每根頭髮都寫上名字呢？（開玩笑地）

承文：（笑了）那也不錯呀！（靜默）
媽媽：那我們該怎麼辦呢？承娟，你是主席，要不要叫大家出出意見？（結構）
承娟：噢，好吧！誰有意見？爸爸？（重新導向）
爸爸：你和承文兩個人一起清理怎麼樣？
承文：她清我就清。
媽媽：怎麼樣，承娟？
承娟：好呀！那要怎麼分才公平呢？
爸爸：我也不太清楚，不過我們四個頭腦加起來，總想得出辦法來吧！
承文：我想，每次誰用了浴室，就要清好才離開，然後，叫你或媽來檢查，看通不通過。你說怎麼樣？這樣就各人清各人的了。
爸爸：這是一個辦法。我也有一個：假如媽媽和我檢查了你們用過的浴室，發現還很髒亂，那你們兩個就要去清理。
承文：為什麼要兩個都清呢？你也不知道是誰弄亂的呀！
媽媽：承娟，我們腦力激盪完了嗎？還是已經在討論提議了呢？（向主席提醒會議的結構）
承娟：噢，對了。還有沒有別的意見？（靜默）好啦，那我們開始討論吧！大家對承文的提議有什麼意見沒用？

爸爸：我覺得不太對勁，因為這樣媽和我就變成了「浴室警察」，所以我才建議第二個提議。要我檢查一次可以，兩次就太多了。不知道媽媽覺得怎麼樣？

媽媽：我同意。

承文：可是怎麼知道是誰弄亂的嘛？

媽媽：我真的認為這個問題可以由你們兩個人去想辦法解決，我想爸爸和我可以不必干涉。（相信青少年有能力，有鼓勵作用）承娟，你對爸爸的提議覺得怎麼樣？

承娟：我贊成。

承文：我可不！

爸爸：那我們要怎麼辦？（靜默）

媽媽：我建議先用爸爸的提議，去實行看看，試用一個星期以後，再決定要不要繼續用。以後總可以再改嘛！承文，我知道你並不喜歡這個建議，可是，你願不願試一個星期看看呢？（取得實踐的承諾）

承文：好吧……大概可以吧！

爸爸：我很高興我們終於達成暫時的協議。（鼓勵）還有沒有什麼別的要討論的事？（結構）

這不是一件容易解決的議題，因為每個青少年顯然都要把責任（和錯誤）推到別人的身上去，而且要父母夾在中間來調停。但媽媽和爸爸都是立場堅定，說明他們所相信、所感受的，也表現對承文和承娟的了解。承文可能把自己當做家中的「好」青年——從來也不會犯錯的那位；而承娟呢，就變成是家中的「壞」人了。在這個範例中，她若不是「壞」，至少也是錯的那位。姊弟好像不怎麼合作，但要讓父母檢定誰是「罪魁禍首」的時候，倒是挺合作的。承文努力想表現自己多麼無辜，姊姊多麼有過，可是始終沒有成功。承娟很快地同意爸爸的提議辦法，因為這辦法並不是把她當做唯一的禍首來查辦；而承文倒是很勉強，因為這麼一來，他就不能責怪是承娟一個人把浴室搞亂的了。

這一星期中會有什麼事發生呢？承娟為了要跟弟弟扯平，就繼續把浴室弄得一團糟，好讓弟弟最後要跟她一起清理。而承文呢？他也會不斷地向父母埋怨這是多麼不公平。然而，父母如果決意讓這個問題歸屬於兩個青少年，不插手去管，承娟、承文兩姊弟最後終究會自己把事情解決的。

有關家庭會議常有的疑問

每個家庭會議都有他們自己的方式——畢竟沒有兩個家是相同的呀！可是，這些年以來，我們發現父母對家庭會議最常發生的疑問有這些：

(1)如果另一半不跟我合作呢？沒有另一半的合作，你還能舉行有效的家庭會議嗎？所謂家庭會議，就是有興趣的人才參加的，如果你的另一半不參加，你和其他的家中成員就可以自行討論和決定你和他們之間的議題。我們也發現，家長一方先前若有不願加入的，後來常常有因為看到會議的合作和成果，而決定參與的。

如果你家是單親家庭，我們建議你和青少年討論的題目就限於你和青少年之間的事，不要把青少年與不在場的父親或母親之間的事扯進議題裡來。如果非談不可，則要另找時間再談。但也有例外的情況，如青少年與分居的父親或母親之間的關係，導致青少年的舉動行為影響到你和青少年的關係時，就另當別論。例如，青少年該做的家事不做，一直留到最後一分鐘，他的分居父親或母親到門口要接他出去的時候才做，那你就要和他談談這問題了。

同樣的，混合家庭也要遵守這種規則。家庭會議中的議題一定要與住在同一個屋子裡的成員有關才行。

不在一起居住的父母或兄弟姊妹，如果有關他們的議題產生，應該直接和他們討論，不應該在家庭會議中討論。

(2)我要怎樣使年紀小的孩子們也加入會議呢？只要有能力溝通的孩子都能加入會議，就算討論的重點都是關於青少年的事，小的孩子也能參加。他們可能很容易覺得無趣而要早退，那也無妨，總之，應該鼓勵年紀小的孩子也參與。

(3)如果青少年不願參與呢？如果青少年不想參與家庭會議，你和其他參與的人可以照常決定你們之間的事。就像前面提到的不願參與的另一半一樣，青少年看到全家對這個系統有正面的反應，慢慢就會也想加入了。常常，青少年會觀望一段時間，然後才加入；畢竟，看著人家都興致勃勃的參與，自己在外旁觀也沒什麼意思啊！

(4)家中所有的決定都要讓孩子跟青少年一起來參與嗎？那就要看你了。也許你覺得，有些事是父母該決定的；比方說，換個新工作，買一輛新車，搬到一個新地方去住等，或許不是全家人需要參與討論的事。要是你的青少年孩子提出某項議題，你覺得這是你個人該裁決的事，就說：「這是我的決定。」或「這是媽媽和我要一起決定的事。」但是大多數的決定，還是利用家庭會議來一起決定最好，要不然，你就得不到青少年的合作了。跟全家有關的議題包括：家庭旅遊、飲食菜單、零用錢、休假、家人之間的衝突、家事分配、客人來訪的安排、家庭財務（像什麼是買得起、什麼是買不起的東西）。

(5)不照約定做的時候怎麼辦？在你們訂下約定的時候，順便把不守約定的後果也討論好，那是最好的。可以照第6章建立合理後果所建議的程序來進行。就拿家事分配來說吧，家人需要決定家事應該什麼時候做好，還有，如果沒有照約定做好的時候，應該要有什麼後果。

以下是幾個不照約定做家事的可能後果，可以供你參考的。有的會讓你覺得很不方便，但這能幫助青少年學習負責任，重視責任，所以還是值得採行。把這些不方便跟長久的提醒和嘮叨比起來，還是划算得多。

●**雜亂的廚房**。如果廚房太雜亂，你可以延遲做飯的時間，等到清理乾淨了再開始。你有權可以拒絕在雜亂的廚房裡做飯，因為又不方便，又不舒服。所以，如果碗盤沒清洗、桌子碗筷沒擺好或廚房的垃圾桶滿了沒倒，你都可以採用這種方法。其實青少年自己對這些雜亂也是跟你一樣覺得很不舒服的，清好了他自己也好過一點。

●**空油箱**。在家庭會議中，訂出一項有關汽車要保持有足夠汽油的規定來；例如：你和青少年可以約好每次要留四分之一油箱的汽油給下一個開車的人使用。如果青少年沒留足夠的汽油在油箱裡，你可以決定使用自然後果法，就是你自己不用車，留到下次他要用的時候，他自己處理。可是，假如自然後果法真的給你很大的不方便，或者無法阻止這件不加油的行為再發生，那麼，就用家庭會議來決定一個合理後果法。這樣，下一次青少年留下了空油箱給你的時候，就可以把約好的合理後果拿來使用：「對不起，明美，可是我們約好了，看你是要給我四分之一油箱的油錢，還是下星期你都不能用車。」

●**例行家事**。洗車、澆花、替寵物洗澡、跑腿、購物等等，都可以利用共同約定，在規定的期限完成。如果在規定期限內沒有完成，你就可以依約打斷他的活動，提醒他即刻去完成。（這個提醒是原先在約定中就講好了，是合理後果的一部分。）

假如在一段相當的時期中，自然和合理後果法都行不通，那就要再重新考慮你們的約定。也許青少年根本就不願意做約定中的某件事呢！要是這樣，可能改變該做的工作比較有效，或者你可以採用事務交易法（參照第7章）。

家庭會議的潛力

我們非常鼓勵你在家裡舉行一個定期的會議，一個真正民主化的家庭，這種會議是絕不可或缺的。特別是有青少年的家庭更是重要，因為青少年極想自己決定事情，如果不能讓他自己做決定，也需要讓他們參與，來決定有關他們的事項。要想和青少年合作相處，讓他們參與家庭會議是絕不可少的。

雖然家庭會議絕不是一種治療家庭衝突的「萬靈丹」，可是卻提供全家人一種開放、坦誠溝通的機會，也設立一種能讓父母與青少年以尊重相待的架構。這種方式不但有助於解決問題，也有助於家人的合作計畫和彼此激勵。家庭的成員既然參與了計畫的制訂，當然比較願意合作，也比較熱中於實踐。雖然家庭會議要舉行，在起頭很不容易，但是請看看家人在和諧、互相尊敬的氣氛中，一起籌劃、一起實行有關全家人的事，對你們一家人能帶來多長遠的益處！

復習與發想

問答題

1 家庭會議的目的何在？

2 家庭會議用什麼樣的模式來進行會較順利？

3 舉行家庭會議有些什麼準則要遵守的？

4 為什麼取得全體的贊同比投票表決（少數服從多數）好？

5 下列這幾項領導的技巧要怎樣應用在家庭會議中：結構，重新導向，腦力激盪和簡報摘要？

6 在家庭會議中，要怎樣應用你的溝通技巧？

7 在你的家庭中要開一個有效能的家庭會議，所面對的挑戰有哪些呢？

本週活動

計畫舉行一次家庭會議。開完以後，檢討一下這次會議的優點與缺點。

【個人發展練習 9】計畫你的第一個家庭會議

1 要怎麼開始？計畫一下你所要做、所要說的，全都寫下來。

2 家中有哪些成員可能會有哪些問題，是你可以先預料的？把問題列下來，並指出如果發生的時候，你要怎麼處理。

3 你打算何時舉行這第一次的家庭會議？

4 你認為有哪些家庭會議準則，對你的家庭是特別重要的？請列舉下來。

要點提示

1 在一個民主化的家庭中，凡是與全體家人有關的事，都是由一家人全體來做決定。所以有需要特別撥出一段時間，專門用來討論這些事項。

2 所謂家庭會議，就是全家人在規定的時間，定期舉行的會議。目的是要做計畫和決定，也要藉此互相鼓勵，並解決家中的各項問題。

3 凡在會議中所做的計畫和決定，到下次開會之前都算有效。

4 家庭會議能提供以下各種機會：

- 讓家人聽見各人要說的話。
- 對家人有什麼良好的感受，可以藉此表達。
- 給予鼓勵。
- 約定家事公平的分配。
- 表達關懷、感受和不滿。
- 幫助平息紛爭，處理一再發生的議題。
- 參與家庭休閒活動的計畫。

5 應用以下的準則，來達到家庭會議的效果：

● 設立一個特定的時間，來開每週的家庭會議。
● 制定時限，並切實遵守。
● 確定所有的家庭成員都有公平的發言機會。
● 鼓勵每個人提出議題來。
● 別讓會議變成埋怨大會。
● 家事的分配要公平。
● 計畫家庭的娛樂。
● 應用你的溝通技巧。
● 檢討此次會議的成果。
● 下次會議中再檢討這次會議中所做的決定。

6 要開第一次家庭會議之前，首先要確定你和孩子們之間的關係的確是彼此尊重和坦誠的才行。

7 典型的家庭會議議程如下：

● 分享這星期以來家中的趣事。
● 報告上次的會議紀錄。

● 討論舊事項。
● 提出新事項（家庭娛樂項目、計畫和問題等項目要同等注意）。
● 摘要報告這次會議內容，並做檢討。

8 遵行會議中所確立的約定，立下約定之後，隨即訂出不守約定者所該接受的後果。

9 家庭會議的全體成員都有平等的地位。

10 家庭若真正要實行民主，家庭會議是絕不可或缺的。

改善親子關係的計畫（第九週）

●我特別關切的事：

●我通常的反應：

□談論，訓話　□處罰，羞辱

□抱怨，數落　□放棄不理，因為太灰心

□生氣，怒吼　□運用權力取消特別待遇

□嘲諷，挖苦　□其他：

●我本週的進步情形：

	改進	退步	未變		改進	退步	未變
我了解他行為的目的	□	□	□	從衝突情境中退出	□	□	□
基於互敬的原則，發展我們之間的平等關係	□	□	□	表達對他的疼愛和正面的感受	□	□	□
給予鼓勵	□	□	□	安排民主的家庭會議	□	□	□
更有效地表達訴諸情感的回應	□	□	□	適度地修正對孩子的訓練方法	□	□	□
嘉許他的良好行為，也讓他學習負起責任	□	□	□	給他選擇的機會，以避免訓練發生困難	□	□	□
傾聽他說的話	□	□	□	行動堅定，態度溫和	□	□	□
不抱怨也不責怪的把自己內心的感受說出來	□	□	□	不是我的問題，我不攬在身上	□	□	□

●我學習到：

●我計畫改變我的行為，方法是：

1.

2.

3.

10

特殊的難題與挑戰

本章中所提出的這些難題和挑戰，都很不容易處理，不能期望簡單的答案或速成的功效，每一種情況都需要你長期地投注愛心、鼓勵和自重感，不是一蹴可及的。

在前面的幾章中，你學到了如何有效地應用一些概念和技巧，來改進你和青少年孩子的關係。在這一章裡，我們要應用這些資訊來處理父母與青少年之間一些特殊的情況。請你務必要先讀完、並且練習了前面九章中全部的資料以後，才看這一章。因為你需要對那些概念和技巧有相當的把握，才有辦法應用在這章所提出的特殊情況之中。

你的另一半不贊成你使用這套方法

假如你在《阿德勒的青少年教養課》中，發現了你所需要的資訊，可是你的另一半卻不同意，是不是只好把它棄置一旁呢？那可不。你的另一半不同意，你還是能依照方法進行。首先，我們要記得的一點是，夫妻在教養孩子這一方面，很少是意見完全相同的。所以，只要是對你的青少年孩子有益，你和另一半完全同意與否，倒不是絕對必要的條件。

你先要決定，到底你要與青少年孩子保持怎樣的關係；但是，你的另一半也有他自己的決定。如果他想要把你從你的路徑上拉開，你也不一定要依從，你得掌握自己的行為。

假如你的另一半反對以這本書中標榜的民主方法來管教子女，你可以跟他承認，這一點你們意見上有所不同，照樣繼續使用這方法，讓他也用他自己的方法管教子女——就算你覺得另一半所用的方法對教養子女並沒有好效果，你自己對待子女的方法仍然能帶來正面的影響。青少年自己會應付這種情況。總之，除非是有虐待子女的非常情況，不要干涉另一半管教子女的方法。

也不要想用你的方式來影響他的管教方式。你和青少年之間若建立起了互相尊重的關係，各方面的表現有了正面的改變，你的另一半自然會想要採用你的方法——只要你不是有意要把你的成功拿來證明他的失敗。

父母離婚對孩子的影響

關於離婚對子女的影響，有各種不正確的概念。最主要的錯誤概念就是：子女的心理從此就有無法醫治的傷痕了。父母離婚，無可諱言的，對子女形成一個必須要應付的大挑戰，然而孩子並不是不由自主的玩偶，他們也有自我控制的能力。反而，對離婚家庭傷害力最強的，倒是那些「好心好意」的親朋好友，對孩子所表現的憐憫。接受了親友憐憫的小孩和青少年，會誤信自己真的無能為力來應付這艱難情況。

罪惡感對父母離婚的孩子來說，也是有破壞力的。離婚的父母通常覺得自己對不起子女，出於這種罪惡感的心理，父母常想要「補償」孩子。孩子也很敏銳地察覺父母有這種罪惡感，結果造成孩子利用父母的罪惡感來達到自己的目標。當然，沒有人敢輕言離婚的嚴重性，但是把它視為「不幸」，而不要視為「災禍」，就能避免罪惡感把你的家庭關係都吞噬光了。

父母離異的孩子和青少年，本身也可能覺得有罪惡感，他們會以為如果我乖一點，表現好一點，父母也許就不會離婚了。這樣的孩子，必須要明白離婚不是誰的錯，也不表示失敗；離婚只是改變情況的一大決定──寧可有這樣的決定，也不願意維持一種有害的關係。

每個人對離婚有什麼感受，都應該公開討論。小孩子和青少年都可能會把這種感受，把父母離婚這件事拿出來談了又談。繼父母與繼子女關係專家維薛夫婦（Emily & John Visher）建議，如果有這種情形，你一定要有耐心，因為他要把心理的感受整理出來，是需要一段時間的。應用你的反映式傾聽技巧，幫助孩子和青少年孩子澄清、並了解自己心中的感受。可是，假如你發現孩子使用罪惡感、憤怒、憂鬱或責怪來操縱你，就對這些感受停止反應。繼續你生活的腳步，期望子女也同時繼續他們自己生活的腳步。

很不幸的，有一些離婚的父母利用孩子做為武器，來攻擊對方。這會產生很不良的效果，因為孩子被夾在中間，常要被迫做一些選擇。請記住，就算你已經不愛從前的配偶，你的孩子還是愛他的；你和前妻或前夫之間的關係是你們的責任，不是孩子的責任。所以你們越是友善相待，對孩子和青少年孩子都越有好處。他們若能自由向你們雙方都表示愛意，並能自由發展和父親、母親個別的關係，那麼，對父母離婚的適應力就越良好。

單親家庭

假如你是單親父母，你的挑戰可不小；有時你會覺得孤單，覺得受排擠，或像落到陷阱裡被套住了一樣。不是小看你的困境，我們認為至少你還有一項別人沒有的利益，那就是：孩子的事都由你完全來掌握。可以不必有別的干擾，就能逕自下決定。很多夫妻為了教養孩子，不知產生多少的爭執，耗了多少的精力來協調。

不過，你也許會想：孩子去見了他分居的父親或母親的時候，我一切辛苦和努力不都泡湯了嗎？我們不同意這一點。雖然，另一位可能有意要寵一寵孩子，但是你可以不必和他合作。讓你的前夫或前妻用他自己的方式來對待孩子，而且當他在場的時候，你要盡可能地以民主的態度、正面和悅地對待孩子。你的前夫或前妻會學習你的方式，受你的影響。如果孩子跟你前夫或前妻相處的時間，比跟你的還長，你也不應該放棄；只要有幾個小時正面的相處時間，不論多久才有一次，都能幫助孩子感到被尊重和尊重人的喜悅。

也要記得，孩子會看你對他有什麼期待，而改變他的態度和行為。在日常生活中，他們不就面對著不同的家人、朋友、老師等人嗎？這些人對他都有不同的期待，他也都能自行調整和處理的。

有時候孩子會故意在父母一方面前說另一方對他有多好，以得到他所要的目標。例如：

你的青少年孩子跟你說：「我在媽媽那裡的時候，她都准我半夜十二點才到家。」這時候千萬別捲入爭辯，或掉入難過傷心的陷阱裡去。向他表示你了解他的感受，訂出你的時限，堅決不爭執，就說：「我知道，你在那裡的時候都可以半夜才回家，那是你和你媽媽之間決定的。不過，你在我這裡的時候，我的規定就是十一點鐘一定要到家，這是我們約好的。」

避免在孩子和青少年面前批評你過去的配偶，在孩子面前批評不在場的另一方，只會使孩子覺得尷尬、不舒服。不該責怪他（或她）所定的家規，只要說你不同意就好了。每個人都有自己的意見、自己的選擇，他做他的，你做你的就是了。

有時候孩子自己埋怨另一方給你聽，好像在邀你一起批評一樣。如果有這種情形，不要遽然就站在孩子這一邊，但也沒有必要為另一方抗辯，只要用反映式傾聽法和探索多種選擇來幫助孩子和青少年學習碰到這種情況的時候應該怎樣有效地處置才對。

身為一個單親父母，你會發現自己的社交生活會成為一種衝突的源頭。有的單親父母很不願意再交異性朋友、找對象，也有的覺得再約會、找對象，心中會有罪惡感。假如孩子不贊成你再約會，或不贊成你約會的對象，這都是屬於他們的問題。你可以花時間傾聽他，了解他的感受，然後用堅定溫和的態度告訴他，雖然你了解他的感受，你對自己的個人生活還是有權利自己做決定。

繼父母

成為繼父或繼母的確是一件極大的挑戰。繼父母通常進入一種家庭情況，是人家已經有現成的關係存在了，而發現自己怎麼「格格不入」。

很多繼父母急切地想被新家庭的成員接受，期望建立一種健康、有效的關係。可是，你越急著想贏得他們的愛和尊重，他們就越跟你衝突。孩子與青少年都能感覺到你的急切，他們會學著跟你作對；結果，你又更努力的想取悅他們。最後，你終於疲於應付，也許乾脆就決定用硬的算了。那這下子，可就有大麻煩了。

想要取悅跟想要操縱他們，其實是一體的兩面，都是不對的心態。有些做繼父母的努力去扮演那位不在位的父母的角色，我們相信這也是一種錯誤。多半孩子和青少年都還愛著那位不在一起同住的父母，有人想要取代這個地位，他們是一定會反抗的。

還有些時候，情況正好倒反。孩子和青少年急於被繼父或繼母接受，竟不惜削足適履。首先，會嘴甜地逢迎巴結這位新父母，可是不久就會因為實在不習慣而態度轉變。做新父母的也看得出，孩子並不自然，但除了感到彆扭和困惑之外，也不知如何是好。繼父母進入一個有青少年的家庭裡來，必須要明白青少年並不是小孩子，他們本來就在尋找自己的定位，本來就處在要從家庭中獨立出來的過程中。再說，你還沒來之前，他或許已肩負起一些成人的責任，來幫助他的單親，現在你來了，開始取代他負起這些責任，或許他就覺得地位被取代，當然不悅了。你最好還是讓他繼續負責那些他原有的工作，承認他在家中原有的重要地位。

假如你和另一半之間，對教養子女有不同的意見，應先彼此取得了解和同意。若是你們兩位決定各自用自己的方法來對待子女，那就要先說好，不可以干涉對方管教的方式，否則子女反而會拿你們的衝突來當做不服從的好藉口。

家庭會議和協商溝通的談話，在混合家庭中特別有用，能幫助大家和睦相處。因為會議和協商提供了一個管道，讓家人的感受有地方可以表達，讓彼此間的意見能達成一個協議。我們建議你再回頭去參閱第9章，看定期的家庭會議能如何幫助你加強你的混合家庭成員之間的向心力。

維薛夫婦指出，有幾個重點是做繼父母應該了解的。

很多孩子並不認為繼父母進入他們家庭是多了一位親人，反而會把他當做是自己跟親生父母之間的侵入者。他們也會覺得有失落感，好像被非監護他的父母遺棄了，又好像被監護他的父母冷落了一樣。

要小心，有些孩子很憂慮，以為父母離婚他是有責任的，很擔心自己如果不乖，就可能再引起親人二度的離異。他們可能很有罪惡感，很害怕。如果你了解這一點，當他們有因此而發生的錯誤行為的時候，你就比較能正確地回應。

想要認識繼子女，想跟他們建立良好的關係，你可以提供機會，讓他們跟你一起合力做些事情。安排你們單獨相處，並合作一些他有興趣的事，也安排時間讓全家有機會一起活動。也要鼓勵你繼子女跟親生父母（也就是你的另一半）有單獨相處的機會，以減少他們像在跟你相爭父親或母親的感覺和壓力。

你在家中要扮演獨特的角色，不要跟繼子女爭他們生父或生母之寵。如果你與繼子女不同住的生父或生母有往來，最好還是保持友善的關係。請記住，孩子還是愛著這個人的，如果你對他們父親或母親不友善，這也會影響到你跟繼子女之間的關係。對你另一半的前任配偶，你若有什麼不滿的感受，不要強加隱藏。隱藏的感受雖然不說出，也會從你的姿態、語調、臉部表情等洩漏出來。對你的家人，這是隱藏不住的。如果你對他有什麼不滿，可以說出來，但不要用批評的口氣，只要把感受用「我」的訊息說出來就好了。可是，也別忘了，有可能的話，對人家的優點，你也要表達你正面的感受呢！

青少年的特有問題

說謊

很多父母都認為，孩子說謊是對父母不信任的徵兆。其實，是很多父母自己不知不覺地把孩子訓練成說謊者的——有一些小小的謊言在家中通行著，孩子從中就學習到了。電話鈴響，而你不想接的時候，你有沒有說過：「跟他說我不在！」如果有人請客，你不想去的時候，有沒有編一個理由說你不能去？你有沒有叫你十三歲的孩子假裝十一歲，好給他買一張便宜一點的兒童票？諸如此類的行為，就是無形中在示範給孩子看，好像是說：說謊有時候是無妨的。

說謊跟別的不良行為一樣，都是有目的的。青少年會誇大事實來得到父母或朋友的注意，如果父母沒察覺他的謊言，他們還會用謊言來打擊父母。此外，謊言還能用來逃避懲罰、作為報復、尋得刺激、讓同儕接納，甚至讓他們覺得有優越感。

青少年說謊，問題是屬於誰呢？那就要看謊言是影響到誰而定了。如果他誇大事實來引人注意，來尋求同儕接納或獲得優越感，那麼問題就是屬於他的；父母要幫助他革除這種行為，就要表現得對他的謊言和誇大之詞不為所動。只要聽，不要揭穿，也不要表明你知道真相，只要事後找機會讓青少年表現他的才華，引導他貢獻這些能力在正面、對家庭有益的方面就好。青少年會學到：用不著裝模作樣，或投機取巧來贏得別人的注意。

如果你發現假裝沒聽見他的謊話，並不能阻止他繼續說謊，可以找機會跟他說：「你說這些事，是不是想要感動我？」然後跟他討論為什麼他覺得需要感動你。仔細傾聽，並探索多種選擇來幫助他，讓他在家中能得到受重視的感覺。

如果你的青少年孩子說的謊，影響到你，那麼問題就屬於你。我們先不談該怎麼辦，先談不應該怎麼辦。首先，對孩子不要設立不實際的期望。比方說，你嚴格禁止太多的事項，等於是保證他一定會說謊；例如：「你不准去看那部電影。」「不行，你不能跟那個朋友出去。」「在家裡不准聽那種音樂！」青少年收到的訊息，都是禁止和命令，有時候逼得他不說謊也不行了。

青少年需要父母給他相當的自由和充分的信任，不要對他偵察，像問他：「你去哪兒了？」「你是跟誰在一起的？」「你做了什麼事？」之類的。問題問得像在偵察和拷問，就可能在激發他說謊。如果你弄得他說真話比說假話還危險，他當然要說假話來保護自己了。還有，不要設計圈套來逮住他說謊。請看下例：

唐先生不太信任他兒子尚文，總覺得兒子沒把去什麼地方老實讓他知道。有一個晚上，唐先生用了一點心機：尚文跟爸爸說要去看一個朋友道平，晚一點的時候，唐先生打電話到道平家，結果發現尚文並沒有去那兒。等兒子一回到家，他劈頭就罵：「你說謊！」他當面質問兒子：「你到哪兒去了？你沒去道平家我知道，因為我查過了。罰你一個月不准出去！」

雖然我們希望尚文會願意向他爸爸表明真正去了什麼地方，然而唐先生基本的不信任，實際上並沒有鼓勵兒子下次不要說謊，該說實話。

最後，如果青少年跟你說了謊，不要反應過度。說幾個謊並不就是不可救藥的騙子。反而不信任、偵察、反應過度等，更會激發他再度的說謊。

遵照下列三點建議，可以減輕說謊的行為：

- 用「我」的訊息來表達你的失望。比方說：「你不說實話的時候，我覺得很失望，因為我一直都覺得能信任你的呢！」這樣，你既讓他知道你的心情，也表現出你對他的尊重。
- 他說實話的時候，你要表現欣賞之意。例如說：「我不贊成你做的這件事，這個我們留著以後再討論。但是我知道你說了實話，這很不容易，我還是很高興你有勇氣說出實話。」
- 如果你明知青少年孩子說了謊，也不要興師問罪，只要就事論事；有必要的時候，用合理後果法。例如：「怡安哪！我知道我們不在的時候，你請了朋友到家裡來對不對？因為冰箱裡的啤酒少了。下次我們出去的時候，你要一起去，要不然就要到爺爺奶奶家去，不能單獨留下了。」

父母跟青少年越有接納、鼓勵和信任關係，青少年越不覺得需要撒謊。說謊是你們之間並不互相信任的一個記號。假如你發現青少年向你撒謊，就要仔細檢查你們之間的關係，努力打通溝通的管道。

偷竊

要了解青少年為什麼會偷竊，先想想他這行為有什麼目的：偷竊是有目標的。很有可能是要人注意、要權力、要報復或是表現優越感而引發的。顯然的，這問題屬於東西被偷的失竊者——你、家人或其他人都有可能。

青少年偷父母的東西

如果青少年孩子偷你的東西，先確認一下你的感受，再決定他偷竊是什麼原因。如果你只是覺得很煩，可能他是要你的注意；如果你又氣又傷心，那他的目的就是要權力和報復。尋求刺激這個目的常跟需求權力連在一起，所以你如果很生氣，可能他也有尋求刺激這個目的。如果你又困惑又挫折，因為找不到偷竊的是誰，那麼他要求優越感的目的可能也混雜在其中了。

碰到偷竊的情況，最壞的處理就是訓話。你何必跟青少年說教，教導他偷竊是錯誤的呢？——大家早就知道了！教訓、責罵和處罰只會加強不良行為，增加他再偷的可能性罷了。

青少年孩子如果想以偷竊來得到父母的注意，他是希望被父母發現的。這時你如果不加評論，只把他偷去的東西拿回來，他的偷竊行為就得不到你的注意。但請確定，平常多注意他，尤其是注意他的長處與貢獻。

至於為了尋求權力和報復的青少年，他們的偷竊也希望被發現，這樣是向父母顯示自己有控制權。同樣的，也不要教訓和說教，把失竊的東西拿回來；或許你也該把這東西收藏好，以免再次被偷。

如果你的兒子或女兒偷了你的錢，選個平靜的時刻，跟他討論要怎麼找賺零用錢的方法。你可以說：「這表示你需要多一點零用錢，要不要我們討論一下賺額外零用錢的方法？」

青少年若把你的東西藏起來，可以叫他還給你。要是他拒絕，也不要跟他爭吵，只要簡明地說，要是不還，就要從零用錢中扣除。把選擇留給他決定。

父母也可以讓青少年有機會應用權力，學習負責，讓他們管理家中一部分財物。比方說：替全家購物、檢查汽車的油夠不夠。如果他要求的是刺激，父母應該協助他，找出社會能接受的刺激活動，甚至全家也能一起參與刺激有趣的活動，如戲劇、球賽、音樂演唱會等等。

要是青少年偷竊是為了顯示優越感，鼓勵他把優點用在對家庭有益的方面。例如：如果他喜歡做菜，讓他有機會為全家準備餐點。

假如東西丟了，你不知道偷竊犯是誰呢？就跟孩子說，你不想知道到底是誰偷的，只要他們把東西還回來就好。給他們一個歸還的時間和地點，要是到時東西沒有還回來，那麼問題就屬於孩子的了——他們得想辦法找回來或補償才行。

青少年偷竊別人的東西

除非你看到他使用並不屬於他的東西，也解釋不出來源，否則你根本無法知道他偷了別人的東西。假使你發現他擁有的東西，懷疑是他偷來的，就問他：「東西是從哪兒來的？」給他選擇：「是要你自己還回去呢？還是由我來歸還呢？」如果警察也牽涉進來了，別慌亂，讓青少年接受社會法律的制裁。如果有律師費、賠償費要付的，就要跟他討論怎樣幫忙償還。

關於偷竊還有一點：假如這變成了一個慣性問題，你和孩子就應該尋求專業的心理輔導。

性活動

父母對青少年孩子的性成熟與否，相當困擾，因為這是一個困難又複雜的題目。父母很擔心自己的青少年從事性活動，怕他們心理或身體會受到傷害，也擔心他們懷孕或性病的發生。父母關心他們經驗知識都不足，又得做出困難的決定。

性幾乎是無所不在地包圍著青少年的生活——電影、書籍、雜誌、海報、電視、廣播、同儕朋友等，都在向他們傳播。有些父母覺得防不勝防，甚至預料青少年孩子會有性活動，青少年會把這種預料當做一種默許來看待。標準不一，讓人無所適從，而青少年就要在這當中自己決定。

每個青少年對性都有自己的感受，也必須自己決定要怎樣對付這個感受。性方面的決定，其實就是每個人對自己性事所做的決定。青少年對性事也能有所控制，就像對其他的事能有所控制一樣；不能說他們被性控制了，因為性不會控制人，是人要去控制它的。

性，也跟其他行為一樣，是有目的的。有一項很明顯的是——享樂，另一個目的是經驗愛和表達愛。但青少年也會用性達成其他的目標。他可能利用性活動來反抗嚴厲、道德的父母，可能要報復父母，也可能想讓同儕朋友接納他，也可能是要獲得優越感。青少年的性是屬於他自己的問題，除非是有後果產生——像性病或懷孕等，才會影響到父母。

你對自慰、避孕、親密的肌膚接觸、婚前的性關係等，都是依你個人的宗教和道德信仰而定。我們不打算教你該相信什麼才對，但是，我們卻希望，在孩子年紀較小的時候，就能和他談在這方面你所相信的，同時也跟著他的成長，慢慢擴展你在這方面對他的教導。孩子由兒童進入青春期，你要繼續跟他進行這方面的談話，同時教導對性方面你所持有的價值觀。希望這種談話都是慈愛而開放式的討論，不是一連串的命令和禁令，因為禁令雖出於好意，卻難以生效。而開放坦誠的交換意見，是幫助青少年對性做出負責任決定的最有效方法；而且信任他、對他的判斷力有信心，則是你能給青少年孩子的最佳禮物。

有些父母本來跟孩子解釋性這個題目，都沒有什麼困難，可是一旦孩子進入青春期，就發現有點講不出口了。這時候，你可以到圖書館或書店裡找資料，或跟老師打聽，看有哪些書有這一方面的常識，而且是適合青少年的年齡閱讀的。這一類的書籍包括身體發育、情感、如何做決定等，常常能把我們不易啟口的話說得比我們更好。然而，不能只把書本資料塞給他讀就好，還是要跟他談。更重要的是，青少年孩子提出有關性、愛情、親密關係問題問你的時候，要隨時預備好和他談，不要推委搪塞。

憤怒與暴力

憤怒與暴力也都是有目的的，雖然都是負面不良的目的，可是這給青少年一種咄咄逼人的挑戰，也使他覺得很有控制感。只是承受憤怒的一方，通常很受影響，不是退出就是想攻擊。

如果青少年孩子的憤怒是向著你而發，問題就是屬於你的。但如果是他鬧脾氣，你就不必牽涉進去；你可以離開房間，讓他自己平靜下來。要是他的憤怒帶著指責，你要表示你聽見了他的指責，可以說：「你聽起來很生氣，是因為你覺得我很不公平是嗎？」但有時候，青少年正生氣的時候，用反映式傾聽法反而增加他的怒氣；這時候，最好就退避一下，讓他冷靜下來後再和他討論。青少年一旦知道你聽見了他的生氣，也知道你願意和他討論解決辦法，你們就能一起探討。比方你可以說：「我了解你在生氣，可是我不覺得不准你們沒有大人陪而單獨去雪地探險是不公平的。希望我們能研究出一個兩全其美的方法來。」

任何衝突發生的時候，首先要認出：雙方是否以禮貌和尊重相待；然後再認出：這氣憤的原因和目的到底何在。其次，再考慮一下，你是要怎樣改變態度，也許最好的方法就是把你原先打算要做的反應，來個一百八十度的轉變。比方說：你原先是要痛罵回去的，現在就來個一走了之，相應不理。你一走開，他的生氣也就失效了。再來看看一些青少年，當他們有話要說的時候，就是用怒氣來表達的；假如你對他的回應本來都是大吼、回罵，現在就改用傾聽——用了解和願意傾聽的態度來回應他，會化解他的怒氣。

在怒氣中也要找出可鼓勵的層面來。沒錯，氣憤裡也有可嘉許的一面！青少年孩子生氣的原因，常常是為了要表達他對某種信念的堅持和立場，也表示他尊重父母，所以想要讓父母明白他的立場。有的青少年只知道生氣是他們表現獨立的唯一方式，這種青少年需要多了解別種表達自我的方法，例如「我」的訊息和反映式傾聽都更有助益。還有一種很有效的解決問題方法，就是幫助他探討多種選擇。你別忘了，生氣還是比冷漠好——至少你還看得見他內在的情緒。只要你肯接受生氣的這些積極面的看法，就能幫助青少年把這種強烈的情緒轉移到比較有建設性的方向上。

當然，如果青少年孩子有暴力或想要動手攻擊你的情況，你一定得防衛自己。打破家中的器物，也是暴力的一種。一旦有動手攻擊你，或破壞家中物品的情況產生，這就是你要找專業人員協助輔導的信號了。家中若出現這種青少年問題，你就得考慮找專業家庭輔導的幫忙。

依賴

依賴性太重的青少年，好像把父母當成傭人來看待。父母會替他檢查功課，付所有費用，挑選所有的穿著，每天按時叫他起床。這種青少年好像什麼事都不會做，父母也覺得很受挫，拿他沒辦法。

你這樣處處替他設想和張羅，原意是要幫忙他，不過結果是兒女反而變得能力薄弱，工作效能低落。所以，青少年要發展自己的自重感，一定要使用自己的潛能，發揮自己的作用。

依賴有什麼目的呢？依賴的青少年可能是要別人注意他，還有一個目的是表現能力不足，這樣他就可以不必負擔家中他應負的義務。另外，有些青少年其實是利用依賴顯示權力，好像是說：「我強迫你替我做。」青少年有依賴性，這問題是他自己的，父母一旦停止替他服務，合理的後果就是：他要自己來，非要學習獨立不可。

對有依賴性的青少年，要先認出他的長處，忽略他的錯誤和缺點。任何小小的進步都會引導他往自立的方向，只要你專注在他的能力表現，不去顧慮他的不足感，青少年自己就會從失敗中開始學到應該怎樣應付。以後看是要遭受同樣的後果，還是要自立起來採取行動，他就非要做個選擇不可。在你這方面，這時候就要有耐性。他以前處處依賴得很習慣，現在要改變可不容易，要給他精神上的支援，看見積極的努力就要鼓勵。請看以下這個例子：

在家庭會議中，李太太跟兒子隆恩說，以後每星期三她會固定去超市買菜，如果有什麼東西要媽媽替他買的，就要在星期三買菜以前先告訴她。隆恩要的是一包特定品牌的麥片、花生酥、橘子、英式鬆餅等，可是，他並沒有先告訴媽媽。當李太太買了菜回來，隆恩看見沒有自己愛吃的那幾樣東西，就很不高興。李太太說：「對不起，你忘了告訴我，所以沒買，下次一定要記得先告訴我喲！」

酒精與毒品的濫用

青少年使用酒精和毒品，可能是要找刺激和逃避枯燥無聊，也可能是要反抗父母和成人，表示他們管不著。也有青少年使用毒品是要朋友接納他，或報復父母，也有的是不想面對生活中的問題。

父母當然先要讓青少年明白他們對酒精與毒品的態度和關切。你有權禁止青少年在家中使用這些東西，況且在法律上，父母身為成人和一家之主的身分，如果非法毒品在家中被發現，該負責的人是父母，絕對不能不管。

假如你家有人使用毒品，問題就是你的了，因為雖然使用者才是真正擁有這大問題的人，但由於其行為的影響所及，會牽連到許多層面，讓你無法忽視，令你不得不管。再說，青少年既有喝酒和吸毒的習慣，已經是問題嚴重，迫切需要你的幫忙了。

你怎麼知道青少年孩子是否在使用毒品呢？除非他用毒的積習已深，否則從外表上是看不出有什麼跡象的。但有些行為上的改變可能會發生：朋友換了一群、學業或工作成績下降、情緒多變、變得不誠實等，還有生活目標與態度的改變也會出現。

不用去尋找子女有沒有吸毒的症狀，要注意的是：青少年生活上有沒有什麼改變。像：他是不是體重減輕了？作息時間是不是變得很奇怪？外貌的整潔是不是比以前差了？他是不是變得有些鬼鬼祟祟的，或比較內向退縮？當然，有這些跡象並不就指明他一定有吸毒的徵兆，其實，以上所說的跡象，很多青少年幾乎都多多少少有顯示過。你的子女你自己了解，要是發現了他有好幾種奇異不解的行為舉動，至少要考慮到酒精和吸毒會不會是原因之一。

青少年用毒品真的傷透了家人的心，對父母而言更是難以面對。想到兒女竟然不尊重他自己，不尊重家庭，不尊重家庭所教導的道德觀，的確是很受打擊。有些個案中，父母竟覺得全然無計可施，不知如何是好；不去想想到底起因何在，只是頹喪絕望。然而，憤怒與絕望對吸毒的青少年又有何益？不管他是不是藉此來尋求權力、要報復、要求刺激或什麼別的緣由，青少年吸毒所表示的是：他缺乏自重感，覺得自己沒有價值。向他表達你對他的尊重感，這是鼓勵他回頭自重的第一步。

或許最難克服的一點是父母的態度——也就是他對子女和自己的態度極難改變。很多成人對濫用酒精、毒品之類的，有先入為主的反感，一旦發現子女使用，就全副武裝地、一心一意要立刻令它銷聲匿跡。不過，這種舉動常令子女越加反叛，更可能促使他犯上毒癮。所以，父母假如拚命的對他責罵和爭辯，青少年就被迫要防衛自己，情況反而更糟。可是父母如果只是自怨自艾、責怪自己，也於事無補——父母對這件事當然有責任，但青少年本身也要負責。怨嘆責怪既然無用，倒不如接受事實，開始尋找改善的資源，積極地去解決問題。

用吸毒來逃避或製造刺激的青少年，通常是覺得沒人接納他，沒人聽他，連家人也不注意他。要幫助他，就先要從建立他的自重感開始，指出他的長處、優點，讓他覺得有歸屬感。最要緊的是：切莫嘮叨批評，不要訓話說教，不要懇求他，不要賄賂，不要在老師或雇主那兒替他解圍，讓他體驗自己不良行為的合理後果；幫他探索多種選擇，找出沒有破壞性的活動來滿足他尋求刺激的意願。

你要當心的是，青少年到處都能取得酒類和毒品，很多他們的交往圈子裡，使用這類物品是能被接納的，甚至在有一些圈子裡，酒類毒品的使用根本就是他們的「規範」。要明白你所住地區毒品的流傳情形，也可以跟學校、社會服務部門或本地的醫院洽詢，有什麼課程或資料可供你參考學習。

如果酒類及毒品的使用已使你和家人都束手無策，就要找專業的輔導，他們能協助你找到戒毒輔導或治療中心。

懷孕

青少年懷孕有多種可能的原因，包括避孕知識不足、愛與接納的需求或對家庭價值觀的反叛。就像其他的問題一樣，父母必須審查自己的感受、家人的關係以及個人的情況處境。

這個問題雖然屬於懷孕的青少年和「小爸爸」所共有，但女孩是懷孕者，也是首先必須與這個事實共存奮鬥者。身為未婚媽媽的父母，你的第一個反應可能是震驚或拒絕接納——因為你尚未準備接受，但是拒絕你的女兒並不能改變她懷孕的事實，而她此時正需要你的了解和支持——可能比過去任何一刻都需要。

你和你的女兒可以向醫師、家庭諮商治療師、神職人員、心理輔導員或社會服務處等尋求協助。這些外來的協助，在你們慌亂、不能好好地用理性來處理問題的時候，可能提供及時所需的幫助。還有請男方和他父母共同來坦誠地討論問題，也是合理的。

你最需要改變的是態度：一定要諒解也要接納。要是你態度上表現出接納，才能為解決問題起一個頭。不要訓話，不要說教，避免說「應該」「一定要」這些字眼，聽聽女兒的感受。假如她覺得害怕、孤單或被拒絕，向她反映這些感受，表示你的了解，然後再進一步察看。因為諒解她對懷孕的感受，會建立彼此的敬重；傾聽她的觀點，會增加她的自重感，讓她覺得自己還是有價值。這時候，再來開始協助她探索多種選擇，一起研究什麼才是對她及對胎兒兩全其美的方法。

可是，如果你是男方的父母怎麼辦？先用你的溝通技巧來探索他的感受，他的動機，再跟他一同探索什麼才是實際又負責任的對策。

早婚

早婚的目的可能是想要逃避家庭的督導和控制，在獨裁霸道的家庭氣氛中長大的青少年，婚姻在他們看來，好像是獲得自由、很具吸引力的一條路。

青少年孩子想要早婚，問題是屬於他的。請記得，你越反對他結婚，就越讓他覺得脫離你、早點結婚更吸引人。所以，同樣地，還是要先傾聽，聽聽他們的意見，也幫他們了解對結婚的感受。你如果內心在排斥他們早婚，就顯不出你對他們的尊重；然而，若用接納傾聽，卻能幫助他們看清自己的目標，進而向你詢問意見，說不定就此做出適當合理的決定來。

這時候，應用你的人際關係技巧，幫他們看清要結婚的目標是什麼，鼓勵他們探討多種選擇。例如：他們的目標如果是要脫離父母的督導，除了結婚，還有不少路好走。你可以說：「你們兩個好像都想要自由，想想看還有什麼方式可以讓你們覺得不必受父母的束縛，可以過比較自由的生活？」

經過這樣傾聽、諒解和探索多種選擇的過程，不管是要不要早婚，他們還是比較有機會能心平氣和地做出真正有責任感的決定來。

本章中所提出的這些難題和挑戰，都很不容易處理，每一種情況都需要你的勇氣、耐心，還要小心使用這些新的技能。不能期望簡單的答案或速成的功效，很多情況都需要你長期地投注愛心、鼓勵和自重感，不是一蹴可及的。

在本章中，我們也一再提到有必要的時候，要找家庭諮商輔導。這裡還要強調的一點是：如果使用了本系統訓練法之後，還是解決不了你和青少年孩子之間的難題，就要考慮家庭治療了。大體來說，若全家人都能參與諮商是最理想的，但是，事實上有些家庭成員怎麼也不願諮商，有時候，連青少年自己也不願意參與。如果是這樣，你自己去請教專家的輔導，還是對大家都有益的。

建立自信和保持自信

在所有的人際關係，特別是你跟青少年孩子的關係，你所能改變的就只有「你自己」了。你原先被本書吸引的原因若是希望能改變青少年孩子，那麼，你現在應了解到想要影響別人，就要先改變你自己。

要跟青少年孩子保持有效的關係，你自己先要有切合實際的目標。做為青少年的父母，有一個大目標，就是要有接受不完美的勇氣。我們很多人都太把自己和孩子逼上要求完美的路，雖然心意可嘉，但結果適得其反。要學會慢慢地習慣接受差錯，願意從錯誤中學習。這樣，既不會給自己壓力，也不會給青少年孩子帶來壓力，你會發現他比較願意合作，自己也比較心安理得。

請記住，青少年孩子正在成長的過程中，容許他慢慢地發展成熟，不要冀望一朝一夕就成功。你自己不也在改變的過程中嗎？原理還是一樣，快不得。耐心加上一些幽默感，灰心氣餒的時候能幫助你度過。

在《阿德勒的青少年教養課》中，你已經學到了「鼓勵」是不可或缺的要角。你對他的預期會左右你們之間的關係，所以，不但要鼓勵他，也要自我鼓勵。自我評估一下：什麼事讓你滿足？什麼事讓你覺得受尊重？也自我提醒一下：你和青少年孩子的關係進步了多少。

青少年期本就不是容易度過的時期，你的青少年孩子正在嘗試各種新的作為，想要建立自己的形象。不要逼著他把想要自立的心意反而扭轉成叛逆了。你應該正視他這些新作為，明白他只是想肯定自己罷了，並非有意要反抗你。從明顯的證據中可以看出，其實沒有所謂的「青少年期」——在這段時期裡會發生什麼事，多半是看父母和子女之間的關係而定。如果你有勇氣，抱著希望，有創造力，又願意把重心放在鼓勵和合作上，任何關係都沒有理由說是不能改善的。

表10-1 用民主而積極的方式來管教青少年子女

挑戰	專斷的回應	放任的回應	民主的回應
青少年遲歸	訓話，罰他不准出門	表示希望青少年子女準時回家，可是沒有行動	預先約好要準時回家，並照約執行合理後果（第二天晚上不准出門）
青少年不做家事	命令，要求，責罵	替他做家事；乾脆不分配家事	給他用家庭會議來討論家事的職責分配，並制定不做的時候該有何後果
青少年對父母發脾氣	恐嚇，還擊	把青少年的感受當做自己的責任看待	用反映式傾聽和「我」的訊息、探討多種選擇；或置之不理，等他冷靜時再跟他討論
青少年飲食不正常	訓話，勉強他吃得正常	完全不管他的飲食習慣	把青少年子女邀請來一起計畫家中飲食；把健康的點心食品及早預備好，免得他亂吃別的
青少年在校成績不良	強迫，處罰，說教，賄賂他	對他在校成績置之不理	把學業責任留給青少年自己，把重點放在他的努力、改進和優點方面
青少年開家裡的車出了小車禍	生氣，訓話，禁止他用車或要他賠償	過度同情他，替他負起責任	保險公司沒有賠償的部分，要他自己付錢；對他的駕駛能力表達你有信心

復習與發想

問答題

1 關於青少年孩子，你和另一半之間有沒有意見不同之處？你們已處理了這些不同的意見了嗎？是怎麼處理的？如果還沒有，你要怎麼開始著手？

2 做為單親，或繼父母，有些什麼挑戰？你該怎樣處理這些挑戰？

3 父母對子女說謊有哪些方法可以處理？

4 你的青少年孩子在性活動方面，有沒有給你覺得難以處理的挑戰？你對這些難題和挑戰是用什麼對策？還有哪些其他的對策是你可以應用的？

5 青少年使用毒品會顯露出哪些跡象？青少年孩子有使用毒品問題的時候，父母應該怎樣協助他？

6 你要用什麼方法來建立和維持你個人的自信心？

【個人發展練習 10】記錄你的進步情形

花一些時間來查看一下你進步的情形。每當你覺得灰心氣餒的時候，就回頭來看看這一張清單。（比方說：我在學習使用反映式傾聽法，而結果顯示：青少年孩子開始願意跟我分享他內心的感受。）請不要受下列空格的限制，盡量多列一些：

☐我在 ______________________________

____

而結果顯示：______________________________

____

☐我在 ______________________________

____

而結果顯示：______________________________

____

☐我在 ______________________________

____

而結果顯示：______________________________

____

☐我在 ______________________________

____

而結果顯示：______________________________

____

☐我在 ______________________________

____

而結果顯示：______________________________

____

若你有意要改善和青少年孩子間的關係，請依照以下的步驟來做。小心不要對自己有不切實際的期望，要計畫小步緩慢的進步：

1 問題所在：

2 我青少年孩子的目標是：

3 問題是屬於誰的？

4 我的計畫是（計畫要保持簡明而可行）：

5 如果我不小心，以下事項可能會干擾我的計畫（例如：愧疚感、訓話太多、身體語言和態度方面表達了不當的反應等）：

6 我預訂在以下日期檢討本計畫的成果：

●成功要訣

- 把每天的進步用圖表記錄下來，把重點放在進步之處。
- 在第 6 步驟所列的日期未到之前不要先做檢討。
- 在計畫期限內，從頭到尾要貫徹這個計畫。
- 檢討的時候要著重進步點。如果對自己的進步不滿意，就問自己是為什麼不滿：是你對青少年孩子期望過高呢？還是第 5 步驟中你列的事項干擾了你的計畫？
- 決定要繼續這個計畫，還是要改良，或是要停用。

要點提示

1 如果另一半與你對採用本系統訓練法管教青少年，有不同的看法，請容許對方用他自己的方式來對待子女，你自己要用什麼方法也要自己決定。

2 離婚給小孩子和青少年帶來相當大的挑戰，但不一定會造成永遠的傷害。如果你是個離婚者，對待子女要注意以下幾點：

- 避免憐惜。
- 不要懷有罪惡感。
- 跟孩子公開談論他們對父母離婚的感受。
- 別利用孩子來對付已離異的前任配偶。

3 對於單親我們有以下幾個管教準則：

- 孩子跟你前任配偶相處的時候，讓你的前任配偶用他自己的方式來管教孩子。
- 別讓孩子以前任配偶的準則來要脅你。
- 別在孩子面前批評前任配偶。
- 別跟孩子站在同一線上來對抗你的前任配偶。

● 對你自己個人的生活，你有權自己做決定。

4 繼父母需要自己與孩子建立新的關係，不要企圖取代他親生父母的地位。以下是給繼父母的幾點原則：

● 接納你的繼子女，不要勉強他們改變。

● 不要期望他們馬上就會接納你，敬愛你。

● 讓青少年繼續他們原先所負的責任。

● 安排時間與繼子女單獨相處，做你們共同有興趣的活動。

● 要與繼子女不同住的生父母保持友善的關係。

5 說謊是親子間缺乏信任的記號，如果有說謊的情況發生，要針對這件事來處理，不要把他當說謊者來對待。當他誠實認錯的時候要表示鼓勵。

6 青少年偷了你的東西，要把東西要回來，或要求他賠償。如果他偷了別人的東西，讓他接受合理的後果。

7 有關於性方面的話題要公開和青少年孩子談論，仔細傾聽他要說的，也把你自己的感受清清楚楚地溝通出來。這樣就能幫助他做出理智的決定。

8 如果你的青少年孩子很氣憤，要認出他生氣的目的，並思考要怎樣改變你的回應方式。

9 避免對青少年孩子服侍得太周到，讓有依賴性的青少年從失敗中學習自立，自我照顧。

10 有使用毒品的情況發生時，避免跟他權力鬥爭，找出互相溝通和重建他自我敬重的方法。如有必要，尋求專家的協助。

11 未婚懷孕的未成年少女需要有人諒解、支持和幫忙她找出對策。請男方當事人盡量參與解決問題，一起做決定。

12 青少年孩子想要早婚，就幫助他們澄清要結婚的動機和目的何在，以協助他們做出負責任的決定。

13 做為青少年的父母，最重要、最需要培養的一個修養目標就是：有勇氣能接受自己的不完美。

14 不但學習鼓勵青少年孩子，也要學習鼓勵自己。

改善親子關係的計畫（第十週）

●我特別關切的事：

●我通常的反應：

☐談論，訓話　☐處罰，羞辱

☐抱怨，數落　☐放棄不理，因為太灰心

☐生氣，怒吼　☐運用權力取消特別待遇

☐嘲諷，挖苦　☐其他：

●我本週的進步情形：

	改進	退步	未變		改進	退步	未變
我了解他行為的目的	☐	☐	☐	從衝突情境中退出	☐	☐	☐
基於互敬的原則，發展我們之間的平等關係	☐	☐	☐	表達對他的疼愛和正面的感受	☐	☐	☐
給予鼓勵	☐	☐	☐	安排民主的家庭會議	☐	☐	☐
更有效地表達訴諸情感的回應	☐	☐	☐	適度地修正對孩子的訓練方法	☐	☐	☐
嘉許他的良好行為，也讓他學習負起責任	☐	☐	☐	給他選擇的機會，以避免訓練發生困難	☐	☐	☐
傾聽他說的話	☐	☐	☐	行動堅定，態度溫和	☐	☐	☐
不抱怨也不責怪的把自己內心的感受說出來	☐	☐	☐	不是我的問題，我不攬在身上	☐	☐	☐

●我學習到：

●我計畫改變我的行為，方法是：

1.

2.

3.

國家圖書館出版品預行編目（CIP）資料

阿德勒的青少年教養課：引導孩子創造自信負責的未來／Don Dinkmeyer & Gary D. McKay 著；林瑩珠譯 . -- 初版 . -- 臺北市：遠流 , 2016.03
面；　公分 . --（親子館；A5033）
譯自：Parenting teenagers : systematic training for effective parenting of teens
ISBN 978-957-32-7791-0（平裝）

1. 親職教育 2. 親子關係 3. 青少年教育

528.2　　105001781

親子館 A5033【父母效能系統訓練】
阿德勒的青少年教養課
引導孩子創造自信負責的未來

作者：Don Dinkmeyer & Gary D. McKay
譯者：林瑩珠
主編：林淑慎
執行編輯：廖怡茜

發行人：王榮文
出版發行：遠流出版事業股份有限公司
100 臺北市南昌路二段 81 號 6 樓
郵撥／0189456-1
電話／(02)2392-6899　傳真／(02)2392-6658

著作權顧問：蕭雄淋律師
2016 年 3 月 1 日　初版一刷
2021 年 3 月 10 日　初版六刷
售價新臺幣 330 元（缺頁或破損的書，請寄回更換）

ISBN 978-957-32-7791-0　（英文版 ISBN 978-0-88671-404-8）
遠流博識網
http://www.ylib.com　E-mail: ylib@ylib.com
【修訂版《青少年期教養法》，2003 年出版】